# VOLLBRINGET DIE WERKE JESU

# VOLLBRINGET DIE WERKE JESU

## BAND 1

## WIE MAN EIN LIEBENDER JÜNGER WIRD

### ALAN DRAKE

## SPIRIT OF WISDOM PUBLICATIONS

## DALLAS, TEXAS

*Für meine Eltern*

*Zane und Shirley Drake*

# INHALT

# VORWORT
# WORUM GEHT ES EIGENTLICH?

Es geht darum, dass wir lernen, wie man Menschen, die uns tagtäglich begegnen, die Kraft und Liebe Jesu Christi anschaulich nahe bringen kann.

Es geht darum, Christi Gegenwart in unseren Alltag zu bringen.

Es geht darum, jeden Tag so zu leben, dass Seine Kraft und Liebe darin sichtbar werden.

Es geht darum, dass wir lernen, wie man Schritt für Schritt im Geist wandelt.

Es geht darum, dass du so wirst, wie Gott dich haben will, und das Leben in Fülle hast, das Gott für dich bereithält.

Es geht darum, dass wir alle eine Gemeinde werden, die einer sterbenden und auf Beweise drängenden Welt Christi Gegenwart vorlebt!

Es geht darum zu lernen, wie man die Werke Jesu vollbringt (Joh 14,12).

Wer sagt, dass er in ihm bleibt, muss auch leben, wie er gelebt hat. - 1 Joh 2,6 (EU)

# KAPITEL 1
# DER NÄCHSTE SCHRITT

## Jeder soll ein Diener sein

Vielleicht geht es dir wie mir. Ich bin nicht in einem "vollzeitlichen christlichen Dienst" angestellt. Ich leite keine gemeinnützige Organisation. Seit mehr als fünfundzwanzig Jahren gehe ich einer profanen Arbeit nach. Im Moment übe ich offiziell kein geistliches Amt aus. Ich gehöre nicht zum Mitarbeiterkreis meiner Ortsgemeinde, aber ich bin ein Diener Jesu Christi.

Gerade in den letzten Jahren wuchs in mir das Bedürfnis, die Verheißung aus Joh 14,12 zu begreifen und für mich in Anspruch zu nehmen. In diesem Bibelvers stellt Jesus folgende unglaubliche Behauptung auf: "Ich versichere euch: Wer an mich glaubt, wird die Dinge, die ich tue, auch tun; ja er wird sogar noch größere Dinge tun. Denn ich gehe zum Vater" (NGÜ). Jesus hat das nicht bloß als Möglichkeit in den Raum gestellt. Das hier ist eine *Verheißung*! Wenn jemand wahrhaft glaubt, dann gibt Jesus ihm das Versprechen, dass er die Werke Jesu und noch größere als diese vollbringen *wird*!

Diese Verheißung gilt nicht nur Gemeindeleitern. Sie gilt *allen* Gläubigen. Als Jesus dieses Versprechen gab, hat Er sich nicht die Kirchenoberhäupter ausgesucht. Als Er das sagte, waren gar keine religiösen Wortführer im Raum! Vielleicht wird deine Gemeindeleitung das volle Potenzial dieser Verheißung eines Tages ausschöpfen, vielleicht auch nicht, aber lass dich davon nicht aufhalten! Du musst nicht erst auf deine Gemeindeleiter warten, bis du dich der Herausforderung stellst und anfängst, "die Werke Jesu zu tun." Wenn das der Wunsch in deinem Herzen ist, so wie bei mir, dann *nur zu*! Denk daran, dass Jesus, als die Zeit gekommen war, Seine zwölf Apostel zu bestimmen, die Sein Werk fortführen sollten, wenn Er nicht mehr da wäre, keine religiösen Anführer ausgewählt hat. Er machte einen großen Bogen um die "Bibelschulen" der damaligen Zeit und suchte sich gewöhnliche Menschen aus, die Er dann darauf vorbereitete, Außergewöhnliches zu tun.

Es ist wichtig, uns vor Augen zu halten, dass der Pastor nie die ganze Arbeit des geistlichen Dienstes übernehmen sollte. In Eph 4,12 (ELB/HFA) berichtet uns Paulus, dass Jesus der Gemeinde Apostel, Propheten, Evangelisten, Hirten und Lehrer gab, „damit die Heiligen (Sein geheiligtes Volk) für das Werk des Dienstes [das sie vollbringen sollen] vollendet und ausgerüstet werden".

Die Gemeinde wird als der Leib Christi bezeichnet, an dem es viele Glieder gibt. Wir alle verfügen über einzigartige, unerlässliche Funktionen, um diese Aufgabe zu erfüllen. Jeder von uns spielt eine lebenswichtige Rolle.

In den Sendschreiben an die sieben Gemeinden in den Kapiteln 2 und 3 der Offenbarung richtete Jesus eine spezifische Botschaft an die gesamte Gemeinde, aber am Ende jedes Schreibens sprach Er eine besondere Einladung aus, die einen unglaublichen Lohn verhieß. Diese war nicht an die ganze Gemeinde gerichtet, sondern an den Einzelnen, der oder die sich vom Rest abhob und Seine Herausforderung, ein Überwinder zu sein, annahm. Es scheint, als würde Jesus in diesen Sendschreiben andeuten, Er wüsste, dass nicht jedes Gemeindemitglied sich auf diese anspruchsvolle Aufgabe einlassen wird. Er spricht nur diejenigen an, die sich nach mehr sehnen, jene, die sich mit dem Gewöhnlichen nicht zufrieden geben, und all jene, die bereitwillig jedes Opfer bringen, um zu überwinden und den ganz besonderen höchsten Preis zu gewinnen.

Nimmst du die Herausforderung an, die Jesus dir bietet? Lässt du das Gewöhnliche hinter dir und entscheidest dich stattdessen dafür zu überwinden, egal welche Hindernisse dir dabei vielleicht im Weg stehen, und erlangst du den ganz besonderen Preis, wenn du Jesu Werke tust und sogar noch größere?

## Was soll mir das bringen?

Es ist *nicht* Ziel dieses Buches, dich für einen Posten am Organisationsbrett der Gemeinde zu qualifizieren. Du sollst vielmehr darin bestärkt werden, deinem Wunsch nach einem geistlichen Dienst nachzugehen, den Gott bereits in dein Herz gelegt hat.

Für dein Leben gibt es eine göttliche Berufung. Ein Ziel dieses Buches ist es, dir dabei zu helfen, den Sinn, den Gott deinem Leben geben will, zu entdecken, es auszufüllen und mehr darüber herauszufinden, wer du in Christus wirklich bist.

Dieses Buch bietet praktische Ratschläge, die dich dazu befähigen können, die Werke Jesu zu tun, so wie Er es verheißen hat (Joh 14,12), und das Gebot Christi zu erfüllen, dass wir einander lieben sollen, so wie Er uns geliebt hat (Joh 15,12).

Wenn jeder von uns zu einem Jünger wird, der Jesus wahrhaft liebt und die Menschen wahrhaft liebt—und dies täglich nach außen hin zeigt—dann wird die Gemeinde verwandelt. Dann werden wir zu einer Gemeinde, die wahrhaft ein Licht für die Stadt, für die Nation und für die Welt ist.

Wenn wir lernen, die Nöte anderer in den Mittelpunkt zu rücken, anstatt einfach nur unseren eigenen Segen abbekommen zu wollen, dann werden wir mit unserem Leben anderen gegenüber wahres Christsein demonstrieren, und wir nähern uns der Erfüllung von Christi Missionsbefehl, zu den Völkern zu gehen, um sie zu Jüngern zu machen und sie zu lehren, alles zu befolgen, was Jesus uns aufgetragen hat (Mt 28,19-20).

# KAPITEL 2
# DIE HERAUSFORDERUNG

## Von den Sorgen des Lebens

Vielleicht verspürst du ein tiefes Verlangen danach, Gott zu dienen, doch andere Dinge scheinen wichtiger zu sein. Wie kannst du dich im Dienst für andere engagieren, wenn du selbst noch so viel brauchst?

Benötigst du Heilung?

Steckst du in ernsten finanziellen Schwierigkeiten?

Gibt es Probleme, die deine Familie auseinanderreißen?

Macht dir dein Job zu schaffen?

Fehlt dir etwas im Leben?

## Gott antwortet:

Er lädt dich ein, all deine Sorgen auf Ihn zu werfen, denn Er sorgt für dich (1 Pe 5,7).

Es ist nur natürlich, dass wir uns zuerst um unsere eigenen Bedürfnisse und die unserer Familie kümmern, doch Gott lädt uns ein zu einem Tausch. Er fordert uns auf, unsere Sorgen auf Ihn zu werfen, und dafür verspricht Er, besser für uns zu sorgen, als wir für uns selbst sorgen könnten. Im Austausch dafür wünscht Er sich von uns, dass wir uns Seiner Sorgen annehmen, sehen, was Ihm wichtig ist, und zuerst nach dem trachten, was in Seinem Reich vonnöten ist. So lautet die Botschaft in Mt 6,25-34.

> Warum wollt ihr leben wie die Menschen, die Gott nicht kennen und diese Dinge so wichtig nehmen? Euer himmlischer Vater kennt eure Bedürfnisse. Wenn ihr für Ihn lebt und das Reich Gottes zu eurem wichtigsten Anliegen macht, wird Er euch jeden Tag geben, was ihr braucht. Deshalb sorgt euch nicht um morgen, denn jeder Tag bringt seine eigenen Belastungen. Die Sorgen von heute sind für heute genug. – Mt 6,32–34 (NLB)

Im ersten Kapitel des Buches Haggai mahnt uns Gott, Sein Haus nicht zu vernachlässigen. Vielleicht meinen wir, wir müssten unsere eigenen Bedürfnisse obenan stellen und für unsere eigenen Häuser sorgen – für unsere Familien. In Wahrheit ist es so, dass wir uns häufig immer weiter von diesem Ziel entfernen, je härter wir daran arbeiten, unsere eigenen Wünsche und Bedürfnisse und die unserer Familien zu erfüllen. Wenn wir unsere Lage ehrlich einschätzen, dann sind wir unfähig, für unsere eigenen Bedürfnisse und Wünsche und die unserer Familien zu sorgen.

Dafür hat Gott uns nie ausgestattet. Er wollte nie, dass wir unabhängig sind. Wenn wir Sein Angebot ernst nehmen, unsere Sorgen gegen Seine einzutauschen, dann wird Er besser für uns und unsere Familien sorgen, als wir das jemals könnten!

Der Herr ließ den Propheten Folgendes verkünden: So spricht der Herr, der Herrscher der Welt: „Dieses Volk behauptet, es sei noch zu früh, Meinen Tempel wieder aufzubauen. Aber es ist offenbar nicht zu früh, dass sie selbst in prächtigen Häusern wohnen, während Mein Haus noch in Trümmern liegt!"

„Achtet doch einmal darauf, wie es euch ergeht! Ihr habt reichlich Samen ausgesät und doch nur eine kümmerliche Ernte eingebracht. Das Korn reicht nicht zum Sattwerden und der Wein nicht für einen ordentlichen Schluck. Ihr müsst frieren, weil ihr nicht genug anzuziehen habt. Und das Geld, das einer für seine Arbeit bekommt, zerrinnt ihm zwischen den Fingern."

Deshalb sagt der Herr, der Herrscher der Welt: „Merkt ihr denn nicht, weshalb es euch so schlecht geht? Geht ins Gebirge, schlagt Holz und baut Meinen Tempel! Daran habe Ich Freude; damit ehrt ihr Mich!"

„Ihr habt viel erhofft und wenig erreicht. Wenn ihr den Ertrag eurer Arbeit in eure Häuser brachtet, blies Ich ihn fort. Warum das alles? Ihr lasst Mein Haus in Trümmern liegen und jeder denkt nur daran, wie er sein eigenes Haus baut!"

„Deshalb kommt vom Himmel weder Tau noch Regen für euch und die Erde lässt nichts mehr wachsen. Deshalb habe Ich diese Dürre über euer Land kommen lassen, über die Berge, die Kornfelder, die Weingärten und Olivenhaine, sodass nichts mehr gedeiht. Menschen und Tiere müssen darunter leiden, und was ihr unternehmt, will euch nicht mehr gelingen." – Haggai 1,2–11 (GNB)

Die heilige Ordnung lautet, dass der Knecht *zuerst* den Herrn bedient. Erst nachdem der Herr zufrieden gestellt ist, setzt sich der Knecht nieder, um seine eigenen Bedürfnisse zu stillen.

„Wenn einer von euch einen Sklaven hat, der pflügt oder das Vieh hütet, wird er etwa zu ihm, wenn er vom Feld kommt, sagen: Nimm gleich Platz zum Essen? Wird er nicht vielmehr zu ihm sagen: Mach mir etwas zu essen, gürte dich und bediene mich; wenn ich gegessen und getrunken habe, kannst auch du essen und trinken." – Lk 17,7–8 (EU)

Dies war die göttliche Ordnung, die Jesus befolgte.

Währenddessen drängten Ihn Seine Jünger: „Rabbi, iss!" Er aber sagte zu ihnen: „Ich lebe von einer Speise, die ihr nicht kennt." Da sagten die Jünger zueinander: „Hat ihm jemand etwas zu essen gebracht?"

Jesus sprach zu ihnen: „Meine Speise ist es, den Willen dessen zu tun, der Mich gesandt hat, und Sein Werk zu Ende zu führen." – Joh 4,31–34 (EU)

Als Jesus in der Wüste war, wollte der Feind Ihn in Versuchung führen, sodass Er nachgeben und zuerst auf Sein eigenes Wohl bedacht sein würde (Mt 4,3); doch die Zeit war noch nicht gekommen, und Jesus weigerte sich. Für das Reich Gottes stand ein großer Sieg auf dem Spiel. Nachdem Satans

Versuchung überwunden und der Sieg errungen war, speiste Jesus nicht nur, sondern Engel dienten Ihm! Gott persönlich nahm sich Seiner an (Mt 4,11).

Wenn du Gott deine persönlichen Nöte anvertraust und zuerst nach Seinem Reich trachtest, dann wird Er das honorieren und dir dafür geben, was du benötigst. Gott lädt dich ein zu tauschen. Wenn du für Sein Reich, Seine Gemeinde, Seine Familie sorgst, wird Er dafür persönlich für dich, dein Haus und deine Familie sorgen.

## Den Blick auf Gottes Reich gerichtet

Im Juli 2009 war ich wegen eines Vortrags unterwegs nach Schottland. Am zweiten Tag meiner Reise kam ich in Edinburgh an. Wegen einer Flugplanänderung erreichte mein Gepäck Edinburgh nicht zur gleichen Zeit wie ich. Das Problem war, ich musste den Bus nach St. Andrews erwischen, welches 50 Meilen entfernt lag, und in Edinburgh würde ich erst wieder in einer Woche sein. Ich sprach mit einem Vertreter der Fluggesellschaft, er ließ sich die Adresse meiner Unterkunft geben und versicherte mir, dass meine Tasche mir nachgeschickt würde. Ich bedankte mich bei ihm, stieg in den nächsten Bus nach St. Andrews, und dann war ich weg.

Ein paar Stunden später kam ich in St. Andrews an, bezog mein Zimmer und schlenderte die Straße entlang in Richtung der Konferenz, wegen der ich angereist war. Als ich an jenem Abend auf mein Zimmer zurückkehrte, war meine Reisetasche immer noch nicht angekommen. Am nächsten Vormittag nahm ich an der Konferenztagung teil und trug nun bereits den dritten Tag in Folge die gleichen Sachen.

Inzwischen boten mir Freunde an, mich zu ein paar Läden zu fahren, damit ich Kleidung und Toilettenartikel kaufen konnte. Ich lehnte ab, weil ich nicht wollte, dass sie einen Teil der Konferenz versäumten, um mich zum Einkaufen zu begleiten, aber jetzt war ich schon besorgt.

Ich hielt inne und betete.

Bis jetzt war es nicht notwendig gewesen, meine Reisetasche bei mir zu haben, aber am nächsten Tag sollte ich am Vormittag zu den Kindern sprechen und am Nachmittag vor den Erwachsenen. In meinem Gebet brachte ich mein Anliegen vor Gott und sagte Ihm, dass die Arbeit in Seinem Reich darunter leiden würde, wenn ich meine Tasche heute nicht bekäme. Ich müsste notgedrungen vor den Kindern mit einem Dreitagebart, Mundgeruch (weil ich keine Zahnpasta hatte) und stinkigen unsauberen Klamotten reden. Ich argumentierte, dass einige Kinder auf mich in diesem Zustand nicht ansprechen würden oder sich sogar vor mir fürchten könnten. Nach dem Mittagessen ging ich zurück in die Eingangshalle meiner Unterkunft und erkundigte mich an der Rezeption, ob mein Gepäck angekommen sei. Die Dame hinter dem Schalter erwiderte: „Ja, Mr. Drake, Ihr Gepäck ist bereits auf Ihrem Zimmer."

Als ich in meinem Gebet als Begründung angab, dass hier die Arbeit im Reich Gottes auf dem Spiel stünde, zeigten sich unmittelbare Ergebnisse. Man könnte natürlich sagen, das war ein zeitlich bedingter Zufall, aber mir ist aufgefallen, dass diese „Zufälle" regelmäßig passieren, wenn ich zuerst nach Gottes Reich trachte und Ihm vertraue, dass Er sich um meine Bedürfnisse kümmert.

## Mein Gott wird euch alles geben, was ihr braucht

1981 besuchte ich Vorlesungen an der University of Texas in Arlington. Am Morgen meiner Abschlussprüfung in Statistik hatte ich vor, noch einen Zwischenstopp beim Haus einer

Witwe einzulegen und ihr etwas Geld zu überlassen, bevor ich zur Uni ging. Sie befand sich gerade in einer schwierigen finanziellen Lage, also steckte ich etwas Geld in einen Umschlag und schrieb darauf „von Jesus". Ich fuhr zu ihrem Haus, klemmte das Kuvert an das Fliegengitter ihrer Eingangstür und fuhr weiter zur Uni, die etwa dreißig Minuten entfernt war.

Nachdem ich mein Auto abgestellt hatte und über den Campus zu meinem Kurs lief, stellte ich zu meinem Entsetzen fest, dass ich meinen Taschenrechner vergessen hatte!

In eben diesem Statistikkurs umfasste jede Problemstellung die Addition umfangreicher Zahlenreihen, um anhand der sich daraus ergebenden großen Summen eine Unmenge verschiedener Kalkulationen durchzuführen. Ohne Taschenrechner wäre ich gezwungen, alle diese Zahlen handschriftlich zusammenzurechnen, was viel länger dauern würde. Schlagartig begriff ich, dass ich die Prüfung nie in der vorgegebenen Zeit schaffen würde.

Nach all der Zeit und Mühe, die ich in dieses Fach investiert hatte, schien es jetzt unvermeidlich, dass ich die Abschlussprüfung nicht bestehen und womöglich den gesamten Kurs nicht abschließen würde!

Als ich im Kopf meine Optionen durchging, begriff ich, dass nicht genug Zeit war, um nach Hause zu fahren und meinen Taschenrechner zu holen. So früh am Morgen hatte noch kein Geschäft geöffnet, also konnte ich auch keinen neuen kaufen. Ich kannte niemanden in der Gegend, der mir einen Taschenrechner hätte vorbeibringen können. Es schien einfach unmöglich. Ich ging in den Prüfungsraum und gab mich schicksalsergeben der Erkenntnis hin, dass ich wahrscheinlich durch die Prüfung rasseln würde.

Ich war einer der letzten Studenten, die das Prüfungszimmer betraten. Die Prüfungskandidaten saßen alle an großen runden Tischen. Einige wenige Plätze waren noch frei. Als ich mich an einen Tisch setzte, sah ich mich um und stellte zu meiner Überraschung fest, dass die Studentin zu meiner Linken einen zweiten Taschenrechner mitgebracht hatte! Wir waren zwar nicht befreundet, aber sie überließ ihn mir. Ich war vor ihr mit dem Test fertig, gab ihr den Taschenrechner zurück und ging meines Wegs. Ich schloss den Kurs mit "sehr gut" ab.

Weshalb sollte jemand einen extra Taschenrechner zu einer Prüfung mitnehmen?

Ich bin überzeugt davon, dass Gott für das sorgte, was ich brauchte, weil ich zuerst an das Reich Gottes dachte und der Witwe in ihrer Not aushelfen wollte.

Rein und vorbildlich Gott, unserem Vater, zu dienen bedeutet, dass wir uns um die Sorgen der Waisen und Witwen kümmern und uns nicht von der Welt verderben lassen. – Jak 1,27 (NLB)

## Herzenswünsche

Einmal kam mit der Büropost eine Broschüre. Darin war die Rede von einer Schulungskonferenz in Boston. Sogleich ergriff mich eine Sehnsucht, mich auf die Reise zu begeben.

Vorn auf der Broschüre war ein Foto der Skulptur der Entenfamilie im Boston Common Park abgebildet, die Robert McCloskey in seinem Buch *Make Way for Ducklings* beschreibt. Ich weiß genau, wo sich diese Skulptur befindet. Wenn Sie mich mitten in der Bostoner Innenstadt absetzen würden, könnte ich auf direktem Weg dorthin gehen. Dieses Bild weckte unmittelbar schöne Erinnerungen an Ausflüge nach Boston und in andere Städte, als ich ganze Tage nur damit verbrachte, einfach so viel wie möglich, während ich dort war, anzusehen. Vor Jahren war das eine meiner Lieblingsbeschäftigungen gewesen.

Die Erinnerungen, die das Foto auf der Broschüre ausgelöst hatte, weckten in mir wieder den Wunsch zu verreisen — einfach für zwei oder drei Tage weg fahren und die Zeit damit verbringen, eine weitere Stadt zu erkunden.

Als ich mir die Sache noch einmal durch den Kopf gehen ließ, entschied ich mich dagegen. Ich hatte ganz bewusst beschlossen: „Nein, ich will mein Geld jetzt für Gottes Reich einsetzen." Die Broschüre hob ich jedoch auf, weil das Foto mich so angenehm an meine Reisen erinnerte.

Gleich am nächsten Morgen läutete mein Telefon. Es war die Sekretärin einer anderen Abteilung, deren Sohn für die Southwest Airlines arbeitete. Sie erzählte mir, er hätte ein Ticket, das er nicht nutzen würde, und sie wollte fragen, ob ich es nicht haben wolle. Sie kannte niemanden sonst, der es gebrauchen könnte, und das Ticket würde verfallen, wenn es nicht innerhalb der nächsten paar Tage eingelöst würde. Sie meinte, das Ticket gelte für jede beliebige Destination der Southwest Airlines.

Ich sagte ihr, dass ich es wirklich gern nehmen würde, und dann fragte sie mich, wohin ich denn fliegen wolle. Sie recherchierte ein wenig im Internet und erstellte mögliche Reisepläne für ein Wochenende in Boston, Chicago und Washington, D.C.

Ich entschied mich für Chicago, weil ich dort nie wirklich viel Zeit verbracht hatte, und sie kümmerte sich um alle Ticketmodalitäten. Außerdem teilte sie mir mit, dass ich, weil es sich bei dem Ticket um einen Firmenvoucher handelte, auf der Warteliste stünde, also riet sie mir, kein Gepäck aufzugeben, sondern alles in einer Reisetasche mitzunehmen. Damit ergab sich ein kleines Problem, weil ich keine

Reisetasche besaß, in die alle Sachen für ein Wochenende passen würden.

Nachdem alle Vorbereitungen für den Flug getroffen waren, hielt ich nach Feierabend an diesem Tag noch kurz beim Haus meines Bruders, um zu sehen, wie es dort mit dem Garagenverkauf voranging. Kurz bevor ich ging, fiel mein Blick auf etwas unter einem Tisch.

Mein Cousin, Pilot bei Northwest Airlines, hatte meinem Bruder für seinen kleinen Flohmarkt zwei seiner älteren Reisetaschen überlassen. Eine davon war perfekt für meine geplante Reise nach Chicago! Ich hätte mir nur für einen Wochenendausflug nie eine neue Tasche gekauft, aber die hier war ideal und kostete fast nichts! Ich gab meiner Schwägerin Geld für die Tasche, und in weniger als einem Tag war ich somit startklar für einen Wochenendtrip nach Chicago. Anschließend buchte ich im Internet noch ein Hotel, und damit waren meine Reisevorbereitungen abgeschlossen. Meine einzigen Ausgaben waren die für Unterkunft, Verpflegung und die Parkgebühr am Flughafen.

Ich genoss meine Zeit in Chicago in vollen Zügen. Ich wäre nicht verreist, hätte mir nicht jemand ein Flugticket überlassen, aber ich glaube, dass der Herr meinen Herzenswunsch sah, und in diesem Fall, als ich mich bewusst dafür entschied, die Arbeit in Gottes Reich über meine eigenen Wünsche zu stellen, erfüllte Gott sie mir.

Freu dich über den Herrn, und Er wird dir geben, was du dir von Herzen wünschst. – Ps 37,4 (NGÜ)

## Stell Ihn auf die Probe

„Bringt den kompletten zehnten Teil eurer Ernte ins Vorratshaus, damit es in Meinem Tempel genügend Nahrung gibt. Stellt Mich doch damit auf die Probe", spricht der allmächtige Herr, „ob Ich nicht die Fenster des Himmels für euch öffnen und euch mit unzähligen Segnungen überschütten werde! Euretwegen werde Ich den Fresser bedrohen, damit er euch nicht mehr um eure Ernte bringt und damit der Weinstock auf dem Feld wieder Früchte trägt", spricht der allmächtige Herr. – Mal 3,10–11 (NLB)

In diesem Text aus Maleachi fordert Gott uns auf, Ihn mit dem Zehnten zu prüfen, damit Er beweisen kann, dass Er treu ist und uns dafür überreich segnet.

Wenn du Gott beim Wort genommen und gesehen hast, dass Er dich getreu durch den Zehnten segnet, warum traust du Ihm das nicht auch zu? Weshalb gibst du Ihm nicht die Chance zu beweisen, dass Er treu für *alles* sorgt, was du brauchst, wenn du zuerst nach Seinem Reich trachtest?

## Du wirst dein wahres Leben „entdecken"

Dann sagte Jesus zu Seinen Jüngern: "Wenn jemand Mein Jünger sein will, dann muss er sich selbst verleugnen [nicht beachten, aus den Augen verlieren und sich selbst und die eigenen Interessen vergessen], er muss sein Kreuz aufnehmen und Mir folgen [unentwegt an Mir festhalten, sich ganz nach Meinem Beispiel ausrichten, im Leben, und wenn es sein muss, auch im Sterben].

Denn wer sein [diesseitiges] Leben [seine Annehmlichkeiten und Sicherheiten hier] unbedingt bewahren will, wird es [das ewige Leben] verlieren. Wer aber sein Leben [seine Annehmlichkeiten und Sicherheiten hier] Meinetwegen verliert, der wird es gewinnen [das ewige Leben].

Denn was hat ein Mensch davon, wenn er die ganze Welt gewinnt, dabei aber das Leben [sein seliges Leben in Gottes Reich] einbüßt? Was könnte er schon als Gegenwert für sein [seliges] Leben [im Reiche Gottes] geben?

Denn der Menschensohn wird in der Herrlichkeit (Majestät, Pracht) Seines Vaters mit Seinen Engeln kommen und jedem nach seinem Tun vergelten. – Mt 16,24–27 (NeÜ)

## „Aber die *anderen* machen auch nicht, was sie tun *sollten*!"

Das ist absolut wahr, aber wäre es nicht tragisch, wenn du das als Ausrede gelten lässt und alles versäumst, was Gott für *dich* bereithält? Statt sich nach den Leuten umzusehen, die schlechte Entscheidungen für ihr Leben treffen, können wir uns durch das Leben von Menschen ermutigen lassen, die alles andere aufgaben, um für Gott nach dem Bestmöglichen zu streben, wie es z.B. der Apostel Paulus tat. Mut machen sollte uns das Beispiel derer, die ein einfaches Leben führten, um ganz und gar „das Vergangene zu vergessen und auf das zu schauen, was vor mir liegt. Ich laufe mit aller Kraft auf das Ziel zu, um den [höchsten und himmlischen] Siegespreis droben zu gewinnen, für den Gott uns durch Jesus Christus bestimmt hat." – Phil 3,13–14 (NeÜ).

## „Und wenn ich dafür gar nicht der Richtige bin?"

Willkommen im Club! Hier findest du ein paar von Gottes Helden, die zu dieser Gruppe gehörten:

• Mose (2 Mo 3,11)

- Gideon (Ri 6,15)

- David (1 Sam 16,11)

- Jeremia (Jer 1,6)

- Petrus (Lk 5,8)

- Füge deinen Namen hier neben den anderen großen Helden Gottes ein!

> Und Er hat zu mir gesagt: „Lass dir an Meiner Gnade (Meiner Gunst, Güte und Barmherzigkeit) genügen [sie ist ausreichend gegen jede Bedrohung und lässt dich die Schwierigkeiten in aufrechter Haltung ertragen], denn Meine Kraft wird in de[ine]r Schwachheit vollkommen (erfüllt und vervollständigt)! Darum will ich mich am liebsten vielmehr meiner Schwachheiten rühmen, damit die Kraft des Christus (des Messias) bei mir wohne (ja, sie schlage ein Zelt über mir auf und ruhe über mir)." – 2 Kor 12,9 (SLT)

Denk an das Beispiel von Elisa (2 Kö 13,20-21). Er starb und wurde begraben. Da soll noch mal jemand sagen, er sei nicht für eine zukünftige Mitarbeit geeignet! „Ungeeigneter" als tot kann man nicht sein! Man würde meinen, dass seine Dienstzeit nun vorbei war, aber Moment mal!

Ein Leichnam wurde in Elisas Grabstätte geworfen. Sobald der Tote die Gebeine Elisas berührte, wurde er wieder lebendig und stellte sich auf seine Füße!

Elisa ließ sich nicht einmal von der Tatsache, dass er physisch tot war, davon abhalten, anderen zu dienen! Auch wenn er sich selbst nicht von den Toten auferwecken konnte, hielt ihn das nicht auf, einen anderen Menschen wiederauferstehen zu lassen! Also, wie lautet deine Ausrede?

(Bibelschüler werden mit meiner Interpretation von Elisas Geschichte so ihre Probleme haben. Das soll ruhig ihre Sorge sein. Mein Anliegen ist es, dich zu ermutigen, anzufangen und Jesu Werke zu vollbringen, selbst wenn du meinst, du seist dafür nicht geeignet.

Es gibt Menschen, die verbringen ihr ganzes Leben damit, das Wort Gottes nur zu *studieren*, und dann gibt es jene, die selbst zu einem lebendigen, atmenden Wort Gottes *werden*, die es sich zum Ziel gesetzt haben, den Menschen, denen sie begegnen, die Liebe und Kraft Gottes zu zeigen.

Ich bete dafür, dass du dich der zweiten Gruppe anschließt.)

Ihr seid unser Empfehlungsbrief: geschrieben in unsere Herzen, anerkannt und gelesen von allen Menschen. Ihr zeigt ja selbst, dass ihr ein Brief von Christus seid, ausgefertigt durch unseren Dienst, geschrieben nicht mit Tinte, sondern mit dem Geist des lebendigen Gottes, aufgezeichnet nicht auf Steintafeln, sondern auf menschlichen Herzen. — 2 Kor 3,2–3 (NeÜ)

# KAPITEL 3
## ERSTE SCHRITTE AUF DEM WEG ZU GEISTLICHER REIFE

## Also dann ...Wo fangen wir an?

Womit sollen wir beginnen? An welchem Vorbild sollen wir uns beim Dienen orientieren? Ich denke, die Antwort finden wir in Joh 14,12 (ELB):

> Wahrlich, Ich sage euch: Wer an Mich glaubt, der wird auch die Werke tun, die Ich tue...

Eigentlich ist das für uns *nur ein Ausgangspunkt*. Die Verheißung von Jesus lautet, dass wir dort anfangen und dann sogar noch „größere Werke" erleben werden. Zu Beginn wollen wir uns also das Wirken von Jesus ansehen.

## Jesu Gehilfe

Ist das nicht einleuchtend? Wenn wir dazu bestimmt sind, die Braut Christi zu sein, sollten wir dann nicht anfangen, wie eine „Gehilfin" zu handeln, die unser Herr an Seiner Seite braucht, und uns Ihm anschließen in dem, was Er tut? Es wäre tragisch für uns, wenn wir die Zeit, die wir hier auf Erden haben, verschwenden und ans Ende unserer Reise gelangen, nur um dann vom Herrn zu hören, dass wir für Ihn Fremde sind. Leider wird das einigen passieren.

> ...kam der Bräutigam; und die bereit waren, gingen mit Ihm hinein zur Hochzeit; und die Tür wurde verschlossen. Danach kommen auch die übrigen Jungfrauen und sagen: Herr, Herr, tue uns [die Tür] auf! Er aber antwortete und sprach: Wahrlich, Ich sage euch: Ich kenne euch nicht! [Ich bin mit euch nicht bekannt.] —Mt 25,10–12 (SLT)

## Wie sieht das aus, die Werke Jesu vollbringen?

Wir wollen uns einen Überblick über die drei Phasen geistlichen Wachstums im Leben eines Christen verschaffen. So erhalten wir ein allgemeines Bild davon, worauf jedes dieser drei Stadien zielt. Dann ergibt sich daraus für uns eine klarere Vorstellung von den obersten Zielen eines geistlich ausgereiften Dienstes.

# Glaube | Hoffnung | Liebe

## 3 Phasen im Leben eines Christen

| errettet werden und fortan leben | Gottes Segen und Kraft empfangen | auf die Bedürfnisse der anderen eingehen |

„Die größte aber von diesen ist die Liebe."—1 Kor. 13,13

Die erste Phase zeichnet sich vorwiegend durch Glauben aus. Wir sind gerettet aus Gnade durch Glauben (Eph 2,8). Wenn wir von neuem geboren werden, dann gleichen wir in geistlicher Hinsicht Säuglingen. Wir sind anfällig und brauchen sehr viel, haben aber keine Vorstellung davon, was wir benötigen oder wie unsere geistlichen Bedürfnisse erfüllt werden können. Petrus widmet sich diesem Thema mit folgenden Worten „seid als neugeborene Kindlein begierig nach der unverfälschten Milch des Wortes, damit ihr durch sie heranwachst" – 1 Pe 2,2 (SLT). Wir sind abhängig von Gott und gestandenen christlichen Führungspersonen; sie helfen mit, dass wir geschützt, mit geistlicher Nahrung versorgt und in unserem Vorankommen angeleitet werden.

Das zweite Stadium christlicher Reife ist gekennzeichnet von Hoffnung. Dabei lassen wir den Glauben nicht zurück. Wir bauen auf unseren Glauben, und unsere Hoffnung nimmt zu; dabei lernen wir, auf Gottes Verheißungen zu vertrauen, und unser Mut wächst, während wir darauf vorbereitet werden, unsere künftige Bestimmung zu erfüllen.

> Denn Ich weiß, was für Gedanken Ich über euch habe, spricht der Herr, Gedanken des Friedens und nicht des Unheils, um euch eine Zukunft und eine Hoffnung zu geben. – Jer 29,11 (SLT)

Das kennzeichnende Merkmal in der letzten Phase christlicher Reife ist Liebe. In den ersten beiden geistlichen Wachstumsstadien geht es darum, dass der Gläubige immer mehr bekommt. Seine Bedürfnisse werden gestillt. Er wird gesegnet. Er wird gestärkt. Er wird geschult. Er wird korrigiert. Auf der dritten Stufe kehrt sich hingegen alles um. Es geht nur mehr darum zu geben – zu geben, um auf die Bedürfnisse anderer einzugehen. Wir hören deshalb nicht auf zu empfangen, aber das Geben steht jetzt im Vordergrund. Die dritte Phase ähnelt durchaus dem Elterndasein. Tatsächlich beschreibt Johannes diese dritte Stufe geistlicher Reife so. Wenn er zu Gläubigen auf dieser Ebene geistlicher Mündigkeit redet, spricht er sie als Väter an.

> „Ich schreibe euch, ihr Väter, weil ihr den erkannt (kennengelernt, beachtet und verstanden) habt, der von Anfang an (gewesen) ist. Ich schreibe euch, ihr jungen Männer, weil ihr den Bösen überwunden habt. Ich schreibe euch, ihr Kinder (Knaben), weil ihr den Vater erkannt (wahrgenommen und kennengelernt)." – 1 Joh 2,13-14

Natürlich gibt es in Christus kein „männlich" oder „weiblich" (Gal 3,28); wenn Johannes hier maskuline Termini verwendet, geht es ihm eher um eine geistliche Wahrheit als um eine körperliche Gegebenheit. Junge Männer sowie Väter *im geistlichen Sinne* können *im physischen Sinne* sowohl Männer als auch Frauen sein.

# Glaube | Hoffnung | Liebe

3 Phasen im Leben eines Christen

1 Joh 2,13–14

| Knaben | Junge Männer | Väter |
|--------|--------------|-------|
|        |              | 1 Kor 4,15 |
|        |              | Mal 4,6 |

"The greatest of these is love."—1 Cor. 13:13

Johannes deutet an, dass die Knaben gerade erst Gott wahrgenommen haben. Sie stehen erst am Anfang ihrer Erkenntnis. Sie sind aus Gnade durch Glauben errettet worden, und eben erst hat ihr geistliches Leben begonnen.

Junge Männer sind den Kinderschuhen entwachsen. Sie werden zunehmend kräftiger und stark im Geist (Eph 3,16). Sie lernen viel dazu, wenn sie sich geistlichen Autoritäten und Lehrern unterordnen (Gal 4,1-2). Sie merken, wie sie die Sünde und das Böse manchmal überwinden (Lk 10,17).

Gottes Ziel für uns lautet jedoch, dass wir mündige geistliche Väter werden. *(Denk daran, in Christus gibt es kein „männlich" und „weiblich").* Väter haben nicht mehr hauptsächlich ihre eigenen Bedürfnisse, Interessen und Pläne im Blick. Sie finden Sinn und Erfüllung darin, dem nachzugehen, was andere brauchen. Hiob war so ein Mensch. Gott sprach in höchsten Tönen von Hiob und sagte, dass es auf der ganzen Welt keinen anderen wie ihn gäbe. Und wie beschrieb Hiob sich selbst?

> Ein Vater war ich für die Armen, und den Rechtsstreit dessen, den ich nicht kannte, untersuchte ich. – Hi 29,16 (ELB)

In Abrahams Leben lassen sich die drei Phasen geistlicher Reife erkennen: wie er heranwuchs von einem Leben aus Glauben hin zu einem Leben in der Hoffnung und darauf wartend, dass sich Gottes Verheißungen erfüllen würden, bis hin zu seinem Dasein als Vater, in dem sich alles um Lieben und Geben drehte.

# Glaube | Hoffnung | Liebe

## 3 Phasen im Leben Abrahams

| Glaube an Gottes Verheißung | Streben nach der Erfüllung der Verheißung | Gott den verheißenen Sohn zurückgeben |
|---|---|---|

„Die größte aber von diesen ist die Liebe." – 1 Kor 13,13

Das herausragendste Beispiel für diese drei Stufen geistlichen Wachstums kann man jedoch im Leben von Jesus sehen, unserem größten Vorbild. Er wurde geboren, unser Messias zu sein, der Retter der ganzen Menschheit. Simeon und Hanna erkannten dies, als Jesus noch ein Baby im Tempel war (Lk 2,21-38). Jesus brauchte dreißig Jahre an Vorbereitung, um zu geistlicher Reife heranzuwachsen, bis Er schließlich bereit war, diese Bestimmung, die über Seinem Leben stand, zu erfüllen. Während dieser Zeit ordnete Er sich Seinen Eltern unter (Lk 2,51), lernte Gehorsam (Heb 5,8) und wurde kräftiger (Lk 2,40). In Seiner vollen geistlichen Reife widmete Er Sein Leben dem Dienst an anderen, kümmerte sich um deren Nöte und gab Sein Leben, damit andere zum Leben finden konnten.

# Glaube | Hoffnung | Liebe

## 3 Phasen im Leben von Jesus

| | | |
|---|---|---|
| geboren mit unvorstellbaren Verheißungen, die es zu erfüllen galt | Er wurde stark im Geist und nahm zu an Weisheit und Alter und Gnade bei Gott und den Menschen.<br><br>Lk 2,40.52 | „... denn der Sohn des Menschen ist nicht gekommen, um sich dienen zu lassen, sondern um zu dienen und Sein Leben zu geben als Lösegeld für viele."<br><br>Mk 10,45 |

„Die größte aber von diesen ist die Liebe." – 1 Kor 13,13

Ganz einfach, *das* ist es, was es heißt, „die Werke Jesu zu vollbringen" – ein Leben zu führen, in dessen Mittelpunkt der Dienst an anderen Menschen steht, auf ihre Bedürfnisse einzugehen und unser Leben zu geben, sodass sie zum Leben finden „und es im Überfluss haben" (Joh 10,10, ELB). Das ist Gottes Ziel im Leben eines jeden Gläubigen, uns auf diese Stufe geistlicher Mündigkeit zu bringen. *Du bist dazu bereit,* diesen Ruf nach geistlicher Reife zu hören, auch wenn du es vielleicht nicht so empfindest.

Gott treibt dich voran – Er zieht dich – bis auf diese Ebene geistlicher Mündigkeit.

> Jeder soll auch auf das Wohl der anderen bedacht sein, nicht nur auf das eigene Wohl. – Phil 2,4 (NGÜ)

> Einer trage des anderen Last; so werdet ihr das Gesetz Christi erfüllen. – Gal 6,2 (EU)

Bist du bereit?

# KAPITEL 4
## DRAUßEN VOR DER (KIRCHEN)TÜR

Wenn wir nun das Wirken von Jesus genauer unter die Lupe nehmen, fällt uns auf, dass sich die meisten bedeutenden Ereignisse außerhalb der „kirchlichen" Veranstaltungen Seiner Zeit abspielten – abseits der Versammlungen in den Synagogen und im Tempel.

Im Gegensatz dazu konzentrieren sich die geistlichen Aktivitäten bei den meisten Christen heutzutage auf Zusammenkünfte in der Kirche bzw. Gemeinde. Häufig dreht sich unser geistliches Leben um die dortigen Versammlungen. Oft sind diese Zusammenkünfte unsere Quelle für Stabilität und geistliche Bodenhaftung.

Vielleicht sollten wir dieses Muster überdenken, denn bei Jesus standen „kirchliche" Versammlungen anscheinend nicht im Mittelpunkt Seines Wirkens oder Seiner Beziehung zum Vater. Seine bedeutendsten Taten geschahen abseits der Zusammenkünfte in den Gotteshäusern:

- Jesus war nicht „in der Kirche", als Er Seine Jünger berief.

- Jesu Wundertaten begannen nicht während einer „Gemeinde"-Versammlung.

- Jesus heilte viel mehr Menschen außerhalb der „Kirche" als darin.

- Die bedeutsamsten von Jesu Predigten und Seine größten Wunder ereigneten sich abseits der „Gemeinde".

Wären die einzigen schriftlich festgehaltenen Ereignisse in Jesu Wirkungszeit jene gewesen, die während der „kirchlichen" Versammlungen" Seiner Zeit passierten, dann gäbe es in den Evangelien nur wenige ausführliche Berichte über Heilungen und Wunder. Jesu Dienst würde ganz anders aussehen – und so gar nicht beeindruckend für den Sohn Gottes und den Retter der ganzen Menschheit. Nur wenn man sich das ansieht, was Jesus *außerhalb* der traditionellen religiösen Zusammenkünfte getan hat, erkennt man das wahre Wesen Seines Wirkens und das Leben, zu dem auch wir berufen sind.

## Was Jesus (be)wirkte

Auf den folgenden Seiten habe ich die bedeutsamen Geschehnisse in Jesu Wirkungszeit aufgezählt und in zwei Kategorien unterteilt – solche, die sich in den Synagogen und im Tempel ereigneten, und jene Ereignisse, die abseits dieser traditionellen „kirchlichen" Zusammenkünfte jener Zeit passierten. Es ist keine umfassende Aufzählung oder vollständige Chronologie, aber diese Gegenüberstellung soll die Tatsache veranschaulichen, dass sich *die überwiegende Mehrheit wichtiger Vorkommnisse in Jesu Wirkungszeit außerhalb von „kirchlichen" Veranstaltungen abspielte.*

Der Schauplatz einiger Begebenheiten geht aus der Schrift nicht klar hervor; diese Geschehnisse sind also möglicherweise in beiden Spalten aufgeführt und mit (?) gekennzeichnet. Beispielsweise könnten sich an einigen religiösen Festtagen bestimmte Ereignisse bei einer Versammlung im Tempel zugetragen haben oder eben auch nicht.

| ABSEITS DER „KIRCHE" | IN DER „KIRCHE" |
|---|---|
| • von Johannes getauft — Mt 3, Mk 1, Lk 3 | |
| • Versuchung — Mt 4, Mk 1, Lk 4 | |
| • Andreas glaubt — Joh 1 | |
| • Jesus begegnet Petrus — Joh 1 | |
| • Jesus beruft Philippus — Joh 1 | |
| • Nathanael glaubt — Joh 1 | |
| • Hochzeit zu Kana, erstes Zeichen — Joh 2 | |
| | • Tempelreinigung — Joh 2 |
| • Zeichen beim Passahfest (?) — Joh 2 | • Zeichen beim Passahfest (?) — Joh 2 |
| • Nikodemus sucht Jesus auf — Joh 3 | |
| • Jünger taufen in Judäa — Joh 3 | |
| • Frau am Brunnen — Joh 4 | |
| • viele Samariter glauben — Joh 4 | |
| • Galiläer heißen Jesus willkommen — Joh 4 | |
| • Heilung des Sohns eines königlichen Beamten — Joh 4 | |
| | • Jesus predigt in den Synagogen (Galiläa) — Lk 4 |
| | • Jesus liest aus Jesaja 61 (Nazareth) — Lk 4 |
| | • Jesus soll getötet werden — Lk 4 |
| | • Jesus lehrt in Kapernaum —Mt 4, Mk 1, Lk 4 |

| ABSEITS DER „KIRCHE" | IN DER „KIRCHE" |
|---|---|
| | • Vertreibung böser Geister —Mk 1, Lk 4 |
| • Petrus' Schwiegermutter geheilt — Mt 8, Mk 1, Lk 5 | |
| • Austreibung von Dämonen; viele werden geheilt — Mt 8, Mk 1, Lk 4 | |
| • Jesus hält sich an einsamen Orten auf —Mk 1, Lk 4 | |
| • Menschen folgen Jesus; Er soll bleiben — Mk 1, Lk 4 | |
| | • Jesus predigt; treibt Dämonen aus — Mk 1, Lk 4 |
| • Jesus lehrt von Petrus' Boot aus — Lk 5 | |
| • Petrus' großer Fischfang — Lk 5 | |
| • Petrus, Andreas, Jakobus, Johannes folgen Jesus — Mt 4, Mk 1, Lk 5 | |
| • Jesus heilt einen Leprakranken — Mt 8, Mk 1, Lk 5 | |
| • Jesu Ruhm wächst; eine große Menschenschar folgt Ihm; viele Krankheiten werden geheilt — Mt 4 | • Jesus lehrt in den Synagogen — Mt 4 |
| | • Jesus predigt das Evangelium, heilt alle Krankheiten (?) — Mt 4, Lk 5 |
| • Jesus zieht sich zurück und betet — Lk 5 | |

| ABSEITS DER „KIRCHE" | IN DER „KIRCHE" |
|---|---|
| • Jesus heilt einen Gelähmten — Mt 9, Mk 2, Lk 5<br>• Jesus lehrt am See — Mk 2<br>• Jesus beruft Matthäus —Mt 9, Mk 2, Lk 5<br>• Jesus speist mit Sündern — Mt 9, Mk 2, Lk 5<br>• Heilung eines Mannes am Teich Bethesda — Joh 5<br>• Jesu Jünger reißen Ähren am Sabbat ab — Mt 12, Mk 2, Lk 6 | |
| | • Jesus lehrt in den Synagogen, heilt einen Mann mit einer verdorrter Hand — Mt 12, Mk 3, Lk 6<br>• Pharisäer planen Jesus zu töten — Mt 12,14; Mk 3,6; Lk 6,11 |
| • Jesus zieht sich zurück; heilt alle, die zu Ihm kommen – Mt 12, Mk 3<br>• Jesus heilt einen blinden stummen Mann — Mt 12, Lk 11<br>• Jesus wird beschuldigt, Dämonen durch Beelzebub auszutreiben — Mt 12, Mk 3, Lk 11<br>• Jesus spricht prophetisch vom Zeichen Jonas — Mt 12 | |

| ABSEITS DER „KIRCHE" | IN DER „KIRCHE" |
|---|---|
| • Jesus beschreibt die vertriebenen unreinen Geister — Mt 12 | |
| • Jesus steigt auf den Berg und betet die ganze Nacht — Mk 3, Lk 6 | |
| • Jesus bestimmt 12 Apostel — Mk 3, Lk 6 | |
| • Jesus kommt zur Ebene, heilt alle, die zu Ihm kommen — Lk 6 | |
| • Bergpredigt — Mt 5–7, Lk 6 | |
| • Diener des Hauptmanns wird geheilt — Mt 8, Lk 7 | |
| • Jüngling von den Toten auferweckt — Lk 7 | |
| • Frage von Johannes dem Täufer — Mt 11, Lk 7 | |
| • Jesus redet zu den Menschen über Johannes den Täufer — Mt 11, Lk 7 | |
| • Jesus kündigt Unheil über unfußfertige Städte an — Mt 11 | |
| • Jesus lädt alle Erschöpften ein, zu Ihm zu kommen — Mt 11 | |
| • Jesus zieht mit den Zwölfen durch alle Städte und Dörfer und predigt die frohe Botschaft vom Reich Gottes; Er heilt alle Krankheiten und Gebrechen — Mt 9, Mk 6, Lk 8 | • Jesus lehrt in den Synagogen —Mt 9, Mk 6 |

| ABSEITS DER „KIRCHE" | IN DER „KIRCHE" |
|---|---|
| • Jesus redet in Gleichnissen —Mt 13, Mk 4, Lk 8 | |
| • Jesus erklärt, wer wahrhaft Seine Mutter und Brüder sind —Mt 12, Mk 3, Lk 8 | |
| | • Jesus lehrt in der Synagoge von Nazareth, kann jedoch dort nicht viele Wunder vollbringen — Mt 13, Mk 6 |
| • Jesus spricht davon, dass Er Sein Haupt nirgendwo niederlegen kann und die Toten ihre Toten begraben sollen — Mt 8 | |
| • Stillung des Sturms — Mt 8, Mk 4, Lk 8 | |
| • Gardarener von einer Legion Dämonen befreit — Mt 8, Mk 5, Lk 8 | |
| • Jesus kehrt mit dem Boot zurück; die Menschen empfangen ihn freudig – Mk 5, Lk 8 | |
| • Auferweckung der Tochter des Jaïrus — Mt 9, Mk 5, Lk 8 | |
| • Blutflüssige Frau wird geheilt, als sie Jesu Gewand berührt — Mt 9, Mk 5, Lk 8 | |
| • Zwei Blinde, die Jesus folgten, werden geheilt — Mt 9 | |

| ABSEITS DER „KIRCHE" | IN DER „KIRCHE" |
|---|---|
| • Jesus erteilt zwölf Aposteln Vollmacht über alle bösen Geister und zur Heilung von Gebrechen; Er sendet sie aus, das Reich Gottes zu verkündigen und Kranke zu heilen — Mt 10, Mk 6, Lk 9 | |
| • Jesus zieht sich mit Aposteln an einen abgeschiedenen Ort zurück — Mt 14, Mk 6, Lk 9, Joh 6 | |
| • Jesus spricht zu den Menschen vom Reich Gottes; Er heilt, die Heilung bedürfen — Mt 14, Mk 6, Lk 9, Joh 6 | |
| • Speisung der 5.000 — Mt 14, Mk 6, Lk 9, Joh 6 | |
| • die Menschen wollen Jesus zum König machen; Er schickt die Jünger zur anderen Seite des Sees; Er schickt die Volksmenge fort; Er steigt auf den Berg um zu beten — Mt 14, Mk 6, Joh 6 | |
| • Jesus geht über Wasser — Mt 14, Mk 6, Joh 6 | |

| ABSEITS DER „KIRCHE" | IN DER „KIRCHE" |
|---|---|
| • die Menschen in Genezareth kommen zu Jesus und bringen alle Kranken zu Ihm; die Sein Gewand berühren, werden geheilt; Jesus spricht von sich als Brot des Lebens — Mt 14, Mk 6, Joh 6 | |
| • Pharisäer befragen Jesus wegen der Übertretung der Überlieferung und weil die Jünger ihre Hände nicht waschen — Mt 15, Mk 7 | |
| • Heilung der Tochter einer Syrophönizierin — Mt 15, Mk 7 | |
| • große Volksmengen bringen viele, die Heilung benötigen; Jesus heilt sie — Mt 15, Mk 7, Joh 7 | |
| • Jesus heilt Taubstummen —Mk 7 | |
| • Speisung der 4.000 — Mt 15, Mk 8 | |
| • Jesus warnt die Jünger wegen des Sauerteigs der Pharisäer und Sadduzäer — Mt 16, Mk 8 | |
| • Jesus heilt Blinden in Bethsaida—Mk 8 | |
| • Glaubensbekenntnis des Petrus — Mt 16, Mk 8, Lk 9 | |

| ABSEITS DER „KIRCHE" | IN DER „KIRCHE" |
|---|---|
| • Jesus sagt Sein Leiden, Ablehnung, Tod und Auferstehung voraus — Mt 16, Mk 8, Lk 9<br>• Petrus tadelt Jesus — Mt 16, Mk 8<br>• Jesus spricht von den Kosten und dem Lohn der Nachfolge — Mt 16, Mk 8, Lk 9<br>• Jesu Verklärung — Mt 17, Mk 9, Lk 9<br>• Heilung eines fallsüchtigen Jungen — Mt 17, Mk 9, Lk 9<br>• Jesus sagt erneut voraus, dass Er in Menschenhände überliefert wird — Mt 17, Mk 9, Lk 9<br>• Jesus zahlt in Kapernaum Steuern aus dem Maul eines Fisches—Matt 17<br>• Jesus lehrt, dass der Geringste der Größte ist und dass, wer nicht gegen uns ist, für uns ist — Mk 9, Lk 9 | |
| | • Jesus geht nach Jerusalem zum Laubhüttenfest — Joh 7<br>• Jesus lehrt im Tempel — Joh 7<br>• die Ehebrecherin — Joh 8 |

| ABSEITS DER „KIRCHE" | IN DER „KIRCHE" |
|---|---|
| | • Jesus spricht im Tempel mit Juden und Pharisäern — Joh 8 |
| | • die Juden wollen Jesus steinigen; Jesus verlässt den Tempel — Joh 8 |
| • Jesus heilt einen Blindgeborenen; Juden werfen den Mann aus der Synagoge; er bekennt, dass Jesus der Sohn Gottes ist — Joh 9 | |
| • Jesus bezeichnet sich als den Guten Hirten — Joh 10 | |
| | • Jesus besucht das Fest der Tempelweihe — Joh 10 |
| | • Jesus verkündet, dass Seine Werke bezeugen, wer Er ist; Er und der Vater sind eins — Joh 10 |
| | • wiederum wollen die Juden Jesus steinigen; sie versuchen daraufhin, Ihn festzunehmen – Joh 10 |
| • Jesus geht zur anderen Seite des Jordan; viele glauben dort an Jesus — Joh 10 | |
| • Bedingungen der Nachfolge — Lk 9 | |
| • Jesus sendet die 72 aus, zu heilen und das Reich Gottes zu verkünden – Lk 10 | |

| ABSEITS DER „KIRCHE" | IN DER „KIRCHE" |
|---|---|
| • Die 72 kehren voller Freude zurück; ihnen wird alle Macht über den Feind verliehen; Jesus jubelt — Lk 10 | |
| • der Gute Samariter—Lk 10 | |
| • Jesus, Maria und Marta — Lk 10 | |
| • Jesus lehrt, wie man betet — Lk 11 | |
| • die Leute beschuldigen Jesus, er würde Dämonen durch deren Obersten austreiben; Jesus erklärt, was bei der Dämonenaustreibung geschieht — Lk 11 | |
| • Jesus antwortet einer Frau, die den Leib derer segnet, die Jesus geboren hat, und die Brüste, die Ihn nährten— Lk 11 | |
| • Jesus spricht von einer bösen Generation, die ein Zeichen verlangt, und den Folgen — Lk 11 | |
| • das Licht eines Leuchters; das Licht des Leibes — Mk 4, Lk 11 | |
| • Jesus isst bei einem Pharisäer zu Mittag, ohne Seine Hände zu waschen; Wehruf über Pharisäer und Schriftgelehrte — Lk 11 | |

| ABSEITS DER „KIRCHE" | IN DER „KIRCHE" |
|---|---|
| • Jesus spricht zu einer großen Volksmenge — Lk 12 | |
| • ein Mann bittet Jesus, mit seinem Bruder über das Erbteil zu reden — Lk 12 | |
| • Jesus lehrt das Gleichnis vom reichen Mann; sorgt euch nicht um euer Leben; trachtet zuerst nach Gottes Reich; seid bereit für die Rückkehr des Herrn; Er ist nicht gekommen, um Frieden zu bringen, sondern Entzweiung; deutet die Zeit; einige dich mit deinem Gegner, damit er dich nicht dem Richter übergebe – Lk 12 | |
| • wenn ihr nicht Buße tut, werdet ihr alle umkommen – Lk 13 | |
| • Gleichnis vom Feigenbaum, der keine Frucht bringt — Lk 13 | |
| | • Jesus heilt am Sabbat in der Synagoge eine Frau, die seit 18 Jahren verkrüppelt war — Lk 13 |
| | • das Reich Gottes gleicht einer wachsenden Saat, ist wie ein Senfkorn, wie Sauerteig im Mehl — Mk 4, Lk 13 |

| Abseits der „Kirche" | In der „Kirche" |
|---|---|
| • Jesus zieht lehrend durch Städte und Dörfer nach Jerusalem — Lk 13 | |
| • Jesus erklärt, viele werden Einlass begehren, doch nicht hinein gelassen — Lk 13 | |
| • Pharisäer warnen Jesus fortzugehen oder Herodes werde Ihn töten — Lk 13 | |
| • Jesu Klage über Jerusalem — Mt 23, Lk 13 | |
| • Jesus heilt Wassersüchtigen und rechtfertigt Heilungen am Sabbat — Lk 14 | |
| • Jesus rät, bei Festlichkeiten und Zusammenkünften den letzten Platz einzunehmen, ladet die Armen zum Essen ein, nicht eure Freunde; Jesus erzählt das Gleichnis vom Festmahl und den unwürdigen geladenen Gästen — Lk 14 | |
| • der Preis der Nachfolge — Lk 14 | |
| • Salz, das seine Würze verloren hat — Mk 9, Lk 14 | |
| • Gleichnisse vom verlorenen Schaf und der verlorenen Münze — Lk 15 | |
| • Vom Verlorenen Sohn — Lk 15 | |

| ABSEITS DER „KIRCHE" | IN DER „KIRCHE" |
|---|---|
| • Gleichnis vom ungerechten Verwalter; wer im Geringsten treu ist, ist auch in vielem treu; niemand kann zwei Herren dienen — Lk 16 | |
| • das Gesetz und die Propheten bis Johannes — Lk 16 | |
| • Ehescheidung, Wiederheirat, Ehebruch und Ehelosigkeit — Mt 19, Mk 10, Lk 16 | |
| • der reiche Mann und Lazarus — Lk 16 | |
| • Wehruf über die Welt wegen ihrer Übertretungen — Mt 18, Mk 9, Lk 17 | |
| • der Geringste ist der Größte; Folgen für jene, die sich an Kindern versündigen — Mt 18, Mk 9, Lk 17 | |
| • Gleichnis vom verlorenen Schaf — Mt 18 | |
| • Umgang mit Rechtsbrechern — Mt 18, Lk 17 | |
| • Gleichnis vom unbarmherzigen Knecht — Mt 18 | |
| • Glaube wie ein Senfkorn — Lk 17 | |

| ABSEITS DER „KIRCHE" | IN DER „KIRCHE" |
|---|---|
| • der Knecht bedient den Herrn, bevor er selbst speist — Lk 17 |  |
| • Jesus verlässt Galiläa und gelangt nach Judäa jenseits des Jordan; viele Menschen folgen Ihm; Er heilt sie dort — Mt 19, Mk 10 |  |
| • zehn Leprakranke werden geheilt — Lk 17 |  |
| • das Reich Gottes ist in euch — Lk 17 |  |
| • wie in den Tagen von Noah und Lot — Lk 17 |  |
| • Gleichnis von der Witwe und dem ungerechten Richter — Lk 18 |  |
| • Gleichnis vom Gebet der Pharisäer und der Zöllner — Lk 18 |  |
| • wehret den Kindern nicht zu kommen — Mt 19, Mk 10, Lk 18 |  |
| • der reiche Jüngling — Mt 19, Mk 10, Lk 18 |  |
| • Gleichnis von den Arbeitern im Weinberg — Mt 20 |  |
| • Jesus kündigt Sein Leiden und Seinen Tod an — Mt 20, Mk 10, Lk 18 |  |

| ABSEITS DER „KIRCHE" | IN DER „KIRCHE" |
| --- | --- |
| • die Mutter von Jakobus und Johannes bittet darum, dass ihre Söhne neben Jesus in Seinem Reich sitzen mögen — Mt 20, Mk 10 | |
| • Jesus heilt blinden Bettler am Straßenrand – Mt 20, Mk 10, Lk 18 | |
| • Zachäus empfängt Jesus — Lk 19 | |
| • Gleichnis von den Talenten – Mt 25, Lk 19 | |
| • Jesus hört, dass Lazarus krank ist, Er weckt ihn von den Toten auf — Joh 11 | |
| • die Juden beschließen Jesus zu töten; Jesus geht mit den Jüngern nach Ephraim — Joh 11 | |
| • Jesus kommt nach Betfage und Betanien am Ölberg — Mt 21, Mk 11, Lk 19, Joh 12 | |
| • ein Abendessen zu Ehren Jesu; Maria salbt Jesu Füße und trocknet sie mit ihren Haaren — Joh 12 | |
| • eine große Volksmenge kommt, um Jesus und Lazarus zu sehen; Hohenpriester beschließen Jesus zu töten — Joh 12 | |

| ABSEITS DER „KIRCHE" | IN DER „KIRCHE" |
|---|---|
| • Jesus schickt zwei Jünger, um ein Fohlen zu bringen; Jesus reitet auf dem Fohlen nach Jerusalem — Mt 21, Mk 11, Lk 19, Joh 12<br>• Jesus weint über Jerusalem — Lk 19 | |
| | • Jesus vertreibt Händler und Käufer aus dem Tempel — Mt 21, Mk 11, Lk 19<br>• Jesus lehrt täglich; heilt Blinde und Lahme im Tempel; übernachtet am Ölberg; frühmorgens kommt das ganze Volk zum Tempel, um Ihn zu hören — Mt 21, Mk 11, Lk 19, 21 |
| • der Feigenbaum verdorrt — Mt 21, Mk 11 | |
| | • die führenden Religionsgelehrten stellen Jesu Vollmacht in Frage — Mt 21, Mk 11, Lk 20<br>• Gleichnis von den zwei Söhnen — Mt 21<br>• Gleichnis von den bösen Weingärtnern — Mt 21, Mk 12, Lk 20<br>• der Eckstein — Mt 21, Mk 12, Lk 20 |

| Abseits der „Kirche" | In der „Kirche" |
|---|---|
| | • die obersten Religionsführer suchen nach einem Weg, Jesus zu verhaften — Mt 21, Mk 12, Lk 20 |
| | • Gleichnis vom Hochzeitsmahl — Mt 22 |
| | • gebt dem Kaiser — Mt 22, Mk 12, Lk 20 |
| | • Sadduzäer stellen die Auferstehung in Frage — Mt 22, Mk 12, Lk 20 |
| | • das größte Gebot — Mt 22, Mk 12 |
| | • Wie kann Christus Davids Sohn sein?—Mt 22, Mk 12, Lk 20 |
| | • Warnung vor den Schriftgelehrten; Wehrufe gegen die Schriftgelehrten und Pharisäer — Mt 23, Mk 12, Lk 20 |
| | • das kleine Opfer der Witwe —Mk 12, Lk 21 |
| | • Griechen suchen Jesus — Joh 12 |
| • die Zukunft Israels, der Gemeinde und der Welt — Mt 24, Mk 13, Lk 21 | |
| • Gleichnis von den zehn Jungfrauen — Mt 25 | |
| • Schafe werden von Böcken getrennt — Mt 25 | |

| Abseits der „Kirche" | In der „Kirche" |
|---|---|
| • Jesus sagt vor den Jüngern Seine Kreuzigung beim Passahfest voraus — Mt 26 | |
| | • Judas plant mit den Hohenpriestern und Ältesten den Verrat an Jesus — Mt 26, Mk 14, Lk 22 |
| • Jesus erklärt „Die Stunde ist gekommen, dass der Sohn des Menschen verherrlicht werde" sowie „Wer an Mich glaubt, glaubt an den, der Mich gesandt hat" — Joh 12 | |
| • das letzte Abendmahl — Mt 26, Mk 14, Lk 22 | |
| • Jesus wäscht die Füße der Jünger — Joh 13 | |
| • Jesus sagt, wer Ihn verrät – Mt 26, Mk 14, Lk 22, Joh 13 | |
| • Jesus antwortet auf die Streitfrage der Jünger, wer unter ihnen der größte sei — Lk 22 | |
| • Jesus gibt ein neues Gebot — Joh 13 | |
| • Jesus sagt voraus, dass sich die Jünger von Ihm abwenden werden; Petrus verleugnet Jesus; nachdem Er auferstanden ist, wird Er vor ihnen hingehen nach Galiläa — Mt 26, Mk 14, Lk 22, Joh 13 | |

| ABSEITS DER „KIRCHE" | IN DER „KIRCHE" |
|---|---|
| • Jesu Abschiedsworte an die Jünger — Joh 14–16<br>• Jesus betet zu Seinem Vater — Joh 17<br>• Jesus sagt den Jüngern, sie sollen Vorräte und Schwerter mitnehmen — Lk 22<br>• Jesus und die Jünger singen ein Loblied – Mt 26, Mk 14<br>• Jesu Gebet in Gethsemane — Mt 26, Mk 14, Lk 22, Joh 18<br>• Verrat an Jesus und Gefangennahme; das Ohr des Dieners des Hohenpriesters wird abgeschlagen, Jesus heilt ihn — Mt 26, Mk 14, Lk 22, Joh 18 | |
| | • Jesus vor dem (religiösen) Gericht — Mt 26, Mk 14, Lk 22, Joh 18<br>• Verleugnung durch Petrus —Mt 26,69, Mk 14,66, Lk 22,55, Joh 18,15 |
| • Jesus vor dem (formalen) Gericht —Mt 27, Mk 15, Lk 23, Joh 18–19<br>• Jesus wird von Soldaten verspottet — Mt 27, Mk 15<br>• der Weg nach Golgatha — Mt 27, Mk 15, Lk 23, Joh 19 | |

| Abseits der „Kirche" | In der „Kirche" |
|---|---|
| • Jesu Kreuzigung — Mt 27, Mk 15, Lk 23, Joh 19 | |
| • Jesu Leib wird ins Grab gelegt — Mt 27, Mk 15, Lk 23, Joh 19 | |
| • das leere Grab und der auferstandene Christus — Mt 28, Mk 16, Lk 24, Joh 20 | |
| • Jesus erscheint den Frauen — Mt 28, Mk 16, Joh 20 | |
| • Jesus begegnet zwei Jüngern auf der Sraße nach Emmaus — Mk 16, Lk 24 | |
| • Jesus erscheint den Jüngern in Jerusalem—Mk 16, Lk 24, Joh 20 | |
| • Jesus erscheint den Jüngern am See von Tiberias — Joh 21 | |
| • Jesus fragt Petrus dreimal, ob er Ihn liebt; Petrus befragt Jesus zu Johannes — Joh 21 | |
| • die Jünger begegnen Jesus in Galiläa; Missionsbefehl; Anweisungen, in Jerusalem auf die Verheißung des Vaters zu warten — Mt 28, Mk 16, Joh 20, Apg 1 | |
| • Jesu Himmelfahrt — Mk 16, Lk 24, Apg 1 | |

Will Gott uns damit vielleicht etwas sagen? Wenn sich die meisten bedeutenden Ereignisse in Jesu Leben und Wirken außerhalb der „kirchlichen" Zusammenkünfte ereigneten, dann gilt dasselbe für unser Leben! Sein Leben ist unser Vorbild!

## Was „zwischendurch" passiert

Eine Sache, die dir vielleicht auffällt, wenn du dir diese Aufzählung wichtiger Geschehnisse in Jesu Wirkungszeit genauer ansiehst, ist, dass nur sehr wenige davon geplant waren. Einige Beispiele:

- Jesus durchquerte Samaria nur, als er auf die Frau am Brunnen traf. Einige mögen das eine „zufällige Begegnung" nennen, aber sie führte zu einer Erweckung in ganz Sychar.

- Nach Lk 7 wurde der Sohn einer Frau von den Toten auferweckt, den man gerade heraustrug, *als Jesus* an der Trauergesellschaft *vorbeiging*.

- Der Gardarener wurde von einer Legion böser Geister befreit, nachdem er Jesus am Seeufer begegnet war.

- Die Tochter des Jaïrus wurde von den Toten auferweckt, nachdem ihr Vater Jesus angefleht hatte, mit zu seinem Haus zu kommen.

- *Auf dem Weg zum Haus des Jaïrus* wurde die Frau mit dem Blutfluss geheilt, als sie den Saum von Jesu Gewand berührte.

- Bartimäus erhielt sein Augenlicht zurück, als er am Straßenrand saß und *Jesus vorbeikam*.

- Petrus bekannte seinen Glauben, *als sie unterwegs waren* zu den Dörfern um Cäsarea Philippi.

- Zachäus wurde gerettet, als *Jesus gerade vorbeikam* und ihn rief.

- und so weiter, und so fort…

Allen diesen Situationen ist gemeinsam, dass sich Jesus *auf dem Weg irgendwo anders hin* befand, als diese Begebenheit Seinen Tagesablauf „störte".

Allmählich fangen wir an zu begreifen, dass wir womöglich Dinge planen, die wir für wichtig halten, Gott jedoch zwischen *diesen geplanten Ereignissen für himmlische Begegnungen sorgt*, und oft merken wir im Nachhinein, dass dies die *wirklich* wichtigen Episoden in unserem Leben waren. Wir müssen begreifen, dass Gott in diesen „Zwischenzeiten" am Wirken ist.

> Das Herz des Menschen plant seinen Weg, aber der HERR lenkt seinen Schritt. — Spr 16,9 (ELB)

> Ich weiß, Herr, dass der Mensch seinen Weg nicht zu bestimmen vermag, dass keiner beim Gehen seinen Schritt lenken kann. — Jer 10,23 (EU)

> Der Herr hat Freude an einem redlichen Menschen und lenkt alle seine Schritte. — Ps 37,23 (GNB)

Im März 2005 reiste ich wegen einer Weiterbildung nach New Hampshire, damit ich danach einen bestimmten Kurs unterrichten konnte. Eine Gruppe gläubiger Studenten war aus Schottland angereist, um ebenfalls an dieser Schulung teilzunehmen. Der Kurs dauerte eine Woche, man plauderte zwischen den einzelnen Unterrichtseinheiten miteinander, und so traf ich auf Zach, Rick und Heather. In einem Gespräch lud mich Zach, der in Großbritannien tätig war, nach St. Andrews in Schottland ein, um bei der CLAN Gathering Christian Conference bei einem der Teameinsätze mitzumachen, die er jeden Sommer anleitete (CLAN steht als Abkürzung für „Christians Linked Across the Nation"). Nachdem ich zum ersten Mal bei CLAN mitgemacht hatte, war ich Feuer und Flamme, und im folgenden Jahr war ich wieder mit dabei.

Dann änderten sich die Dinge. Zach widmete sich anderen Aufgaben und war nicht mehr mit der Leitung der Teams betraut. An diesem Punkt dachte ich, dass meine Zeit dort wohl vorbei sei, weil die Teams vielleicht jemand anderem unterstellt würden, der mich nicht kannte. Die Teams wurden jedoch von Rick übernommen, der mich bereits kannte und mich einlud, im nächsten Jahr wieder mit dabei zu sein. Weitere ein oder zwei Jahre später wurde die Leitung erneut in andere Hände übergeben, weil Rick anspruchsvollere Aufgaben übernahm. Diesmal fiel die leitende Veranwortung für die Teams an Heather, die ich ebenfalls während der Schulung in New Hampshire kennengelernt hatte, und ich wurde wieder eingeladen, bei diesem Teameinsatz mitzuhelfen.

Ironischerweise unterrichte ich den Kurs, weswegen ich zur Weiterbildung nach New Hampshire gereist war, nicht mehr, aber während ich dies hier schreibe, plane ich gerade meinen siebten Abstecher nach Schottland, um gemeinsam mit meinen Freunden beim CLAN Gathering mit dabei zu sein.

Was also beabsichtigte Gott tatsächlich mit der Weiterbildung in New Hampshire? Ich hatte vor, mich in einem bestimmten Fach weiterbilden zu lassen. Aber Gott hatte andere Pläne. Zwischen den einzelnen Lerneinheiten in dieser Schulungswoche sorgte Er dafür, dass ich mit Menschen in Berührung kam, die mir Türen für eine Mitarbeit in Schottland öffnen würden – Türen, die ich niemals selbst hätte aufmachen können, egal, wie groß dieses Anliegen gewesen wäre!

Gerade durch mein Mitwirken bei den CLAN Gathering Conferences wurde mir dieses Prinzip klar, nämlich, dass Gott bestimmte Begegnungen zwischen den Dingen, die wir planen, einfädelt.

Im Laufe der CLAN Gathering Tagungen besuchte ich viele Seminare, die von großartigen Leuten geleitet wurden. Zu Beginn jeder Veranstaltung fing ich eine neue Seite in meinem Notizbuch an und schrieb die jeweilige Überschrift oben auf die Seite. Mehr als einmal blickte ich jedoch am Ende des Seminars auf ein leeres Stück Papier. Nichts hatte ich in mein Notizbuch geschrieben. Doch dann war die Veranstaltung zu Ende, ich ging und nahm einschneidende, unvergessliche Erlebnisse mit, weil ich Menschen begegnet war, über die ich am Ende des Tages etwas in mein Notizbüchlein schrieb.

Das passierte so oft, dass sich der krasse Gegensatz nicht leugnen ließ. Wenn ich am Ende der Woche zurückblickte und meine Notizen durchblätterte, die ich mir im Laufe der Woche gemacht hatte, dann waren die wichtigsten Episoden die ungeplanten, unvorhergesehenen Begegnungen, die sich zwischen den planmäßigen Seminaren ereigneten.

So war es auch im Leben von Jesus. Die meisten bedeutsamen Ereignisse im Laufe Seiner Wirkungszeit passierten zwischen den geplanten Aktivitäten, während Er von Ort zu Ort ging. Es waren „Unterbrechungen" Seines Tagesablaufs. Unser Leben verläuft genauso. Wir müssen uns dieser Tatsache nur bewusst werden.

*So handelt Gott* — Er agiert zwischen unseren geplanten Terminen. Hier noch ein Beispiel: Gott weist uns an, wir sollen diese Zeiten „zwischendrin" weise nutzen, um unsere Kinder Seine Gebote zu lehren.

Präge sie deinen Kindern ein und rede davon, ob du in deinem Haus bist oder unterwegs, ob du dich hinlegst oder aufstehst. — 5 Mo 6,7 und 11,19 (NeÜ)

Hier erteilt uns Gott spezielle Anweisungen, die Zeit zu nutzen, wenn wir zuhause sitzen, umher gehen, uns hinlegen oder aufstehen. Bewusst schreibt Er hier von jenen Zeiten, wenn wir uns zwischen eingeplanten Ereignissen befinden – wenn wir vielleicht gerade von einem Termin zurückgekehrt sind und etwas Zeit haben, bevor wir uns auf einen weiteren Termin in unserem Kalender vorbereiten.

## „Störungen" aus der Sicht Gottes

Göttliche Begegnungen kommen als Störungen getarnt daher. Sie tauchen auf, sind übel gelaunt, kommen zu ungelegenen Zeiten und benehmen sich unangemessen. Beispiele dafür sind der von Dämonen besessene Gadarener, die syrophönizische Frau, der laut am Straßenrand rufende Blinde... fast jede wichtige Begegnung, die Jesus widerfuhr.

Jesus verlangte nicht, dass Menschen sich für Ihn zurechtmachen und Ihm mit Respekt und ordentlichem Benehmen gegenübertreten, dass sie sich an ein angemessenes Protokoll halten, bevor Er Ihnen aus Liebe helfend die Hände reichte. Er traf sie an, wie sie waren, wenn sie Ihm über den Weg liefen und Er sie anrührte mit der Liebe und Kraft Gottes, um sich ihrer Nöte anzunehmen.

Gott aber beweist Seine Liebe zu uns dadurch, dass Christus für uns gestorben ist, *als wir noch Sünder waren*. — Rö 5,8 (SLT)

Wenn wir uns in den Kopf setzen, einen bestimmten Termin einzuhalten oder zu einer bestimmten Veranstaltung zu gelangen, die wir eingeplant haben, dann neigen wir möglicherweise dazu, Unterbrechungen als Hindernisse anzusehen, die uns beim Erreichen unserer Ziele im Weg stehen. Womöglich halten wir sie sogar für Angriffe Satans, der uns davon abhalten will, zu unserem Ziel zu gelangen.

Tatsächlich sind das vielleicht die wichtigsten Ereignisse unseres Tages. Diese „Störungen" sind vielleicht die Geschehnisse, die Gott für uns vorherbestimmt hat, bevor wir geboren wurden. Also müssen wir unsere Sichtweise ändern und Unterbrechungen von einem anderen Blickpunkt aus betrachten. Um sie im richtigen Licht sehen, als Gottes himmlische Zusammentreffen, *müssen wir umdenken* und Unterbrechungen begrüßen: als willkommene Termine mit einer Bestimmung.

Wenn wir außerdem den Sinn von Störungen erkennen, müssen wir ebenso umdenken und mehr *„in dem Moment"* leben *und damit rechnen*, dass diese gottgegebenen Zusammentreffen jederzeit passieren können, ohne Vorwarnung und ohne irgendeinen Hinweis, der deren Bedeutung für die Ewigkeit anzeigen würde. Wir müssen bereit sein, Störungen als etwas Positives anzusehen, *selbst wenn sie im ungünstigsten Augenblick daherkommen, selbst wenn sie übel gelaunt sind oder ein unangemessenes Verhalten an den Tag legen oder sonstwie unerwartet auftreten, was uns andernfalls verärgern würde.*

John Paul Jackson, Begründer der Streams Ministries, hatte ein Erlebnis, durch das Gott ihm gestattete, einen Tag im Leben eines gläubigen Menschen zu sehen. Es war ein Tag voller Unterbrechungen. John Paul sah diese Frau und erlebte mit, wie sie ihren Tag verbrachte, frustriert über all diese Störungen, doch Gott „zog den Vorhang beiseite", sozusagen, sodass John Paul sehen konnte, was im geistlichen Reich passierte. Er sah, wie Gott diese sogenannten „Störungen" herbeiführte, damit Sein Wille geschehe, um dem Umfeld der gläubigen Frau das Reich Gottes nahe zu bringen und das Leben einer Kassiererin für immer zu verändern.

Nach dem, was John Paul erlebte, wusste die gläubige Frau nichts von dem hastigen Treiben in der unsichtbaren geistlichen Welt um sie herum. Sie war sich nicht darüber im Klaren, was Gott da gerade vollbrachte, als Er in souveräner Weise Gegebenheiten inszenierte, die für sie sichtbare „Störungen" verursachten. Ihr erschien es, als würde sie einfach einen Tag voller Frust und Umstände erleben, die sie fortwährend zwangen, sich neu zu ordnen und das zu ändern, was sie sich ursprünglich vorgenommen hatte.

Leider ist das Video von John Paul Jackson, in dem er von dieser Erfahrung erzählt, nur auf Englisch verfügbar, aber wenn du gesprochenes Englisch verstehst, dann möchte ich dir den guten Rat geben: Sieh dir das Video selbst an. Du kannst im Internet nachschauen, und du findest es auf vimeo.com. Es heißt „Storms, Faith & the Miraculous". Die Geschichte beginnt etwa bei 11:20min in Teil 2 der 4-teiligen Videoreihe (Jackson, 2007).

Als Roland Buck am 21. Januar 1977 in den himmlischen Thronsaal geholt wurde, erhielt er ein Stück Papier mit einer Liste von 120 Ereignissen, die ihm in naher Zukunft widerfahren würden. Nach seiner Rückkehr von diesem Besuch im Himmel passierten diese Ereignisse, eines nach dem anderen, in der Reihenfolge, wie sie auf den Zettel geschrieben worden waren.

> Gott sagte mir, Er wolle nicht alles aufschreiben, was in meinem Leben geschehen sollte. „Ich möchte dir nur einige Ereignisse nennen, um dir zu bestätigen, dass Ich tatsächlich am Wirken bin." Zwischen jedem der Ereignisse auf der Liste geschahen bestimmt Hunderte von anderen

Sachen, aber diese wenigen durfte ich als Wegweiser vorher erfahren.

Man hat mich gefragt, was ich tun will, wenn alle 120 Vorhersagen eingetroffen sind. Darauf möchte ich nur antworten, dass alles, was geschieht, vorausgeplant wird, und nicht bloß diese 120 Ereignisse. Alles andere weiß ich natürlich nicht, aber Sie dürfen sicher sein, dass Gott alles in der Hand hat! (Buck, 1979, zitiert nach www.vaterherz.at, Begegnungen mit Engeln)

In seinen aufgezeichneten Predigten kann man sich anhören, wie Roland Buck diese und viele anderen Geschichten erzählt. Sie sind (nur) in Englisch verfügbar unter www.angelsonassignment.org. Ich würde dir empfehlen, dass du mit den Titeln „I Visited the Throne Room" und „Sequel to the Throne Room" anfängst.

Wenn wir nur einen Blick darauf werfen könnten, wie Gott Tag für Tag unsere scheinbar unbedeutenden Lebensumstände lenkt, würde uns ein enormes Gefühl von Sicherheit und Frieden überkommen, wenn wir wissen, dass Gott *alles* unter Kontrolle hat. Wir würden auch von einer inneren Getriebenheit gepackt und aufmerksamer auf das achten, was Gott in jedem Augenblick unseres Lebens vollbringt, sodass wir mit Ihm an einem Strang ziehen können, statt gegen Ihn zu arbeiten.

Doch was, wenn manche Störungen tatsächlich Angriffe Satans sind? Sollten wir gar *Probleme*, die über unser Leben hereinbrechen, als Gottes Wille ansehen und Ihm dafür *danken*? Wenn wir sehen könnten, was uns auf der anderen Seite erwartet, würden wir das tun!

Liebe Brüder und Schwestern! Betrachtet es als Grund zur Freude, wenn euer Glaube immer wieder hart auf die Probe gestellt wird. Denn durch solche Bewährungsproben wird euer Glaube fest und unerschütterlich. Bis zuletzt sollt ihr so unerschütterlich festbleiben, damit ihr in jeder Beziehung zu reifen Christen werdet und niemand euch etwas vorwerfen kann oder etwas an euch zu bemängeln hat. Wenn es jemandem von euch an Weisheit fehlt, soll er Gott darum bitten, und Gott wird sie ihm geben. Ihr wisst doch, dass Er niemandem seine Unwissenheit vorwirft und dass Er jeden reich beschenkt. — Jak 1,2–5 (HFA)

Wenn wir das Gefühl haben, inmitten von Schwierigkeiten einfach nicht jubeln zu können, dann sagt uns Jakobus, dass der Grund dafür mangelnde Weisheit ist — dass wir die Umstände nicht so sehen, wie Gott sie sieht. Wir bitten um Weisheit, damit wir unsere Probleme als Gelegenheiten sehen können, durch die Gott unseretwegen Großes bewirken kann.

Vielleicht denkst du jetzt: „Du hast ja keine Ahnung, was ich für Probleme habe!" Das mag stimmen, aber hatte jemals irgendwer von uns ein größeres Problem als Jesus, als Er zum Tode am Kreuz verurteilt war? Das ist ein großes Problem, oder? Die Schrift sagt uns jedoch, dass die Mächte der Finsternis dieses Geschehen nie so geplant hätten, wenn sie die Folgen begriffen hätten. Sie hatten die Weichen gestellt, aber das werden sie in alle Ewigkeit bedauern!

Wir reden Gottes Weisheit in einem Geheimnis, die verborgene, die Gott vorherbestimmt hat, vor den Zeitaltern, zu unserer Herrlichkeit. Keiner von den Fürsten dieses Zeitalters hat sie erkannt - denn wenn sie sie erkannt hätten, so würden sie wohl den Herrn der Herrlichkeit nicht gekreuzigt haben. — 1 Kor 2,7–9 (ELB)

Das gleiche gilt für dich. Vielleicht inszeniert Satan Angriffe auf dich. *Danke Gott dafür, wenn du in solche Schwierigkeiten gelangst,* denn groß ist der Sieg, den Gott dadurch bewirken wird. Das ist es, was Jesus uns in der Bergpredigt gebietet (Mt 5,11-12), und so reagierten auch die ersten Jünger, als sie in wirkliche Schwierigkeiten gerieten (Kol 1,24; 1 Pe 1,6-8); und so ermahnten uns die Apostel, dass wir in jeder Situation so handeln sollen (1 Thess 5,16).

> Dankt Gott in jeder Lebenslage! Das will Gott von euch als Menschen, die mit Jesus Christus verbunden sind. — 1 Thess 5,18 (GNB)

> Ich bin ganz sicher, dass alles, was wir zurzeit erleiden, nichts ist, verglichen mit der Herrlichkeit, die Gott uns einmal schenken möchte. — Rö 8,18 (HFA)

> Geliebte, lasst euch durch die unter euch entstandene Feuerprobe nicht befremden, als widerführe euch etwas Fremdartiges; sondern in dem Maß, wie ihr Anteil habt an den Leiden des Christus, freut euch, damit ihr euch auch bei der Offenbarung Seiner Herrlichkeit jubelnd freuen könnt. — 1 Pe 4,12–13 (SLT)

Erinnerst du dich an Hiob? Gott gab ihm doppelt so viel zurück, als er durch die Angriffe Satans verloren hatte.

> Und der Herr wendete Hiobs Geschick, als er für seine Freunde bat; und der Herr erstattete Hiob alles doppelt wieder, was er gehabt hatte ... Und der Herr segnete das spätere Leben Hiobs mehr als sein früheres. Hi 42,10–12a (SLT)

Erinnerst du dich an Daniel, der in die Löwengrube geworfen wurde? Diese Begebenheit war mit Sicherheit eine große unerbetene Störung für Daniels Pläne, aber in allem hielt er seinen Blick weiter auf Gott gerichtet. Er war sich völlig sicher, dass Gott seine Situation in der Hand hatte. Er beklagte sich nicht oder verfluchte die Menschen, die ihn in diese schwierige Lage gebracht hatten. Vielmehr waren Daniels erste Worte, die aus seinem Mund kamen, nachdem er eine Nacht in der Löwengrube überlebt hatte, ein Segensspruch über den König, der ihn dorthin gebracht hatte!

Diese unwillkommene, unangenehme Unterbrechung in Daniels Leben führte soweit, dass ein Erlass an jeden im Reich der Meder und Perser erging, in dem Gott verherrlicht wurde und den Menschen *geboten* wurde, allerorten den Gott Daniels zu ehren! Doch damit nicht genug. Auch heute noch erzählt man sich diese Geschichte überall, auf der ganzen Welt, und bis zum heutigen Tag wird Gott weiter verherrlicht!

Und das alles, weil das Leben eines Menschen gestört wurde!

Denken wir an Schadrach, Meschach and Abed-Nego. Sie wurden in einen Feuerofen geworfen. Eine *große* Störung in ihren Plänen, richtig? Und doch bekannten sie mit ihren Worten vor dem König ihr völliges Vertrauen darauf, dass Gott Herr ihrer Lage war.

> Wenn unser Gott, dem wir dienen, uns retten will, dann wird Er uns aus dem glühenden Ofen und aus deiner Gewalt retten. Und wenn nicht, so sollst du, König, dennoch wissen, dass wir deinen Göttern nicht dienen und dein goldenes Bild nicht anbeten werden. — Dan 3,7–18 (NeÜ)

Infolge dieser „Unterbrechung" ihres Lebens pries der König Babylons (zu jener Zeit der mächtigste Mann der Welt) Gott und ließ an jeden in seinem Reich verkünden, dass niemand ein abfälliges Wort gegen den Gott Schadrachs, Meschachs und Abed-Negos reden dürfe. Außerdem erhob er persönlich alle drei Männer in wichtige verantwortungsvolle Ämter im Königreich Babylon.

Und das alles wegen einer Störung im Leben dieser Männer.

Und was ist mit Josef? Sein Leben als Lieblingssohn wurde jäh unterbrochen, als er zuerst von seinen eigenen Brüdern in eine Grube geworfen, in die Sklaverei verkauft, fälschlich beschuldigt wurde und dann noch im Gefängnis landete! Doch inmitten all dieser Einschnitte vertraute Josef darauf, dass Gott die völlige Kontrolle über seine Lebensumstände hatte. Nachdem er zum zweitmächtigsten Mann Ägyptens (und letztlich der Welt, weil eine Hungersnot herrschte) befördert worden war, wurde er wieder mit seinen Brüdern vereint, die diese lebensverändernden Störungen in seinem Leben herbeigeführt hatten. So lautete Josefs Erwiderung:

Was mich betrifft, hat Gott alles Böse, das ihr geplant habt, zum Guten gewendet. Auf diese Weise wollte Er das Leben vieler Menschen retten. — 1 Mo 50,20 (NLB)

Doch was, wenn dieser Einschnitt so gravierend ist, dass er im Tod endet, wie bei Jesus und Stephanus? Dann können wir wahrhaft das Wunder der exponentiellen Vervielfältigung unseres Einflusses auf das Reich Gottes erleben! Wie es Jesus sagte: „Wahrlich, wahrlich, Ich sage euch: Wenn das Weizenkorn nicht in die Erde fällt und stirbt, bleibt es allein; wenn es aber stirbt, bringt es viel Frucht." (Joh 12,24 ELB)

Als Jesu Leben und Wirken „unterbrochen" oder „ausgerottet" wurde, wie es in Dan 9,26 heißt, war es das Beste, was an Bedeutung für Sein Leben und Wirken passieren konnte! Wegen Seines Sterbens wurde der trennende Vorhang zwischen Gott und Mensch für immer zerrissen, und der Weg des Heils stand uns allen offen!

Jesus sah nichts Negatives darin, dass Er in jungen Jahren sterben würde. Er sah den Segen, der daraus für uns alle entspringen würde! Er begriff außerdem, dass Sein Tod es uns ermöglichen würde, den Heiligen Geist auf eine Weise zu erfahren, die niemals zuvor möglich war!

Doch glaubt Mir: Es ist gut für euch, dass Ich weggehe. Denn wenn Ich nicht von euch wegginge, käme der Helfer nicht zu euch; wenn Ich aber gehe, werde Ich ihn zu euch senden. — Joh 16,7 (NGÜ)

Aber das war eben Jesus. Er war ja jemand Besonderes, stimmt's? Kann Gutes aus dem Tod eines einfachen Menschen hervorgehen?

Paul Keith Davis, Begründer von WhiteDove Ministries, hatte eine Offenbarung zum Tod von Stephanus. Darin nahm der Herr einen von Satans Topstars, Saulus von Tarsus, im Austausch für das Leben des Stephanus, zu dessen Tod der Teufel die Menschen laut Apg 7 angestachelt hatte. Als Apostel Paulus richtete er vermutlich mehr Schaden im Reich der Finsternis an, als Stephanus jemals zu Lebzeiten erreicht hätte.

Paul Keith Davis erzählt auf Englisch in mehreren seiner Predigten von dieser Offenbarung. Du kannst auf YouTube danach suchen. Die Geschichte kommt z.B. in der Übertragung des Samstagvormittagsgottesdienstes der New Life Christian Church in Rice Lake, Wisconsin, vom 20. August 2011 vor und beginnt etwa bei Minute 19 (Davis, 2011).

Der Teufel gewinnt nie. Manchmal denken wir, er gewinnt, weil unser Blickfeld zu klein ist. Es gibt viele viele Beispiele, die zeigen, dass die Geschichte mit dem Tod nicht endete. Im Gegenteil, der Tod brachte die größte Ernte und den größten Segen hervor!

Denk nur an Rachel Scott, eine der ersten Schülerinnen, die bei den tragischen Ereignissen an der Columbine High School getötet wurde. Ihr Wunsch war es gewesen, eine große Anzahl Menschen mit der Liebe Christi zu erreichen. Ihr Begräbnis, in dem viele Gottes Güte bezeugten, wurde ohne Unterbrechung von CNN übertragen, weltweit von mehr Menschen gesehen als jede andere Übertragung dieses Senders und stellte sogar die Beerdigung von Diana, Prinzessin von Wales, in den Schatten. Rachels Einfluss lebt weiter und wächst weiter durch die Rachel's Challenge Organisation und andere Bewegungen, die sich buchstäblich auf Millionen von Menschen auswirken (Scott, Nimmo & Rabey, 2000).

Satan gewinnt nie. Er kann nicht gewinnen. Er versucht nur immer wieder das gleiche, und Gott wendet diese Dinge im Leben eines jeden, der Ihn liebt und der nach Seinem Beschluss berufen wird (Rö 8,28), weiterhin zum Guten.

Lerne, im Einklang zu handeln mit dem, was Gott in deinem Leben tut. Wenn du dich wegen deiner Lebensumstände beklagst und die Sache in deine eigenen Hände nimmst, dann nimmst du sie *aus* Gottes Hand.

# Nachfolge üben:
## Störungen so sehen, wie Gott sie sieht

Ziel: aufmerksamer werden für göttliche Zusammentreffen

Wie oft? drei Wochen lang jeden Tag, bis daraus eine Gewohnheit wird

Anstatt Unterbrechungen für Hindernisse zu halten, die uns von unseren Zielen abbringen, beginne damit, diese „Störungen" als Gottes himmlische Begegnungen zu sehen.

- Danke Gott jeden Morgen für die Unterbrechungen, die sich im Laufe deines Tages ergeben werden. Danke Ihm dafür, dass Er deinen Tagesablauf durch Seine himmlischen Termine unterbricht.

- Stelle dich jeden Morgen darauf an, richtig mit Folgendem umzugehen und dich nicht davon angegriffen zu fühlen. Bitte Gott, dir dabei zu helfen.

  o lästige Unterbrechungen

  o schlecht gelaunte Menschen

  o Leute, die sich unangemessen verhalten

- Wenn Störungen eintreten, dann danke Gott, selbst wenn es scheint, als würden diese Unterbrechungen Probleme mit sich bringen. (1 Thess 5,18)

- Schreibe die Störungen, die sich während deines Tagesablaufs ergeben, in ein kleines Notizbuch.

- Denke am Ende des Tages an ein oder zwei Unterbrechungen, die passiert sind, und frage Gott, was Er damit beabsichtigte. War da mehr, was Gott durch diese Zusammentreffen erreichen wollte? Hätte in deiner Reaktion mehr von Gottes Liebe sichtbar werden können?

Jahre später, nachdem ich mit dieser Nachfolge-Übung begonnen hatte, las ich erstaunt folgenden Bericht von Dale Carnegie über einen Bankenvorstand an der Wall Street, der wöchentlich etwas Ähnliches praktizierte:

Der Direktor einer großen New Yorker Bank schilderte einmal vor einer meiner Trainingsgruppen ein äußerst erfolgreiches System, das er entwickelt hatte, um sich selbst zu kontrollieren und zu korrigieren. Dieser Mann hatte wenig offizielle Schulbildung genossen. Trotzdem wurde er einer der bedeutendsten Finanziers von Amerika. Er gestand, dass er den größten Teil seines Erfolgs der ständigen Anwendung einer selbsterfundenen Methode verdanke, die er beschrieb:

«Jahrelang notierte ich in meinen Terminkalender sämtliche Verabredungen und Besprechungen des laufenden Tages. Meine Familie wusste, dass sie am Samstagabend nicht mit mir rechnen konnte, weil ich einen Teil dieses Abends dazu verwendete, mich selbst zu prüfen, eine Art Wochenrückblick zu halten und Bilanz zu ziehen. Nach dem Abendessen verschwand ich in mein Arbeitszimmer, schlug meinen Terminkalender auf, ließ alle Besprechungen, Verhandlungen und Konferenzen, die im Laufe der Woche stattgefunden hatten, in meinem Gedächtnis Revue passieren und fragte mich:

*Welche Fehler habe ich diesmal gemacht?*

*Was habe ich richtig gemacht, und was hätte ich besser machen können?*

*Was kann ich aus diesen Erfahrungen lernen?*

*Es kam nicht selten vor, dass mich diese Wochenrückblicke sehr unglücklich machten. Ich wunderte mich oft über meine eigenen Schnitzer. Natürlich besserte sich das im Laufe der Jahre, und manchmal hatte ich nach einer solchen Selbstanalyse sogar Lust, mir ein bisschen auf die Schulter zu klopfen. Dieses jahrelang praktizierte System der Selbstkritik und Selbsterziehung hat mir mehr geholfen als alles andere, was ich je versucht habe.*

*Es hat meine Fähigkeit verbessert, Entscheidungen zu treffen und es hat mir ganz enorm im Umgang mit Menschen geholfen.»* (Carnegie, 1936, zitiert nach www.library.back2hack.cc Wie man Freunde gewinnt)

Wir müssen umdenken und damit rechnen, dass diese gottgegebenen Zusammentreffen jederzeit passieren können, ohne Vorwarnung und ohne irgendeinen Hinweis, der deren Bedeutung für die Ewigkeit anzeigen würde.

Bedeutungsvolle Gelegenheiten zu dienen kommen und gehen innnerhalb von Sekunden. Und oftmals kommen sie getarnt als Störungen daher...mit übler Laune...mit unangebrachtem Verhalten.

Gott aber beweist Seine Liebe zu uns dadurch, dass Christus für uns gestorben ist, als wir noch Sünder waren. — Rö 5,8 (SLT)

# Mit Gott wandeln

Wenn wir beginnen, Gott für alle Umstände und Unterbrechungen in unserem Leben zu danken und darüber am Ende des Tages zu beten, dann geschieht langsam etwas Wunderbares. Er fängt an, zu uns über zukünftige Ereignisse in unserem Leben zu reden, Er verleiht dem, was wir bereits erlebt haben, eine Bedeutung, und wir beginnen, *mit Gott zu wandeln.*

> Wenn aber jener, der Geist der Wahrheit, kommen wird, wird er euch in alle Wahrheit leiten. Denn er wird nicht aus sich selber reden; sondern was er hören wird, das wird er reden, *und was zukünftig ist, wird er euch verkündigen.* — Joh 16,13 (LUT)

Vielleicht ist es nur ein Vorgeschmack und noch kein Erlebnis, das von einem Augenblick zum nächsten einsetzt, aber für uns beginnt definitiv ein Wandeln *mit* Gott, durch unser Leben, indem wir die jeweilige Situation mit *Ihm* erleben und Er Seine Ansichten mit uns teilt. Dies passiert, weil wir uns endlich nicht mehr über die Umstände beschweren, die Gott über unser Leben hereinbrechen lässt, sie ablehnen und bekämpfen, sondern sie bereitwillig annehmen. So gelangen wir zu einem Einverständnis mit dem, was Gott mit unserem Leben macht.

Bis wir dem zustimmen, was Gott in unserem Leben bewirkt, es bereitwillig und dankbar annehmen, können wir nicht vollkommen mit Gott wandeln.

> Können etwa zwei miteinander wandern, sie seien denn einig untereinander? —Am 3,3 (LUT)

Hingegen wird Gott Klagen nur bis zu einem bestimmten Maß hinnehmen, bevor Er genug davon hat.

> Murrt auch nicht, wie einige von ihnen murrten und von dem Verderber (Tod) umgebracht wurden! Alles dies aber widerfuhr jenen als Vorbild [als Beispiel und Warnung für uns]. — 1 Kor 10,10–11a (ELB)

Gott persönlich übernahm die Verantwortung für die schwierige Lage, in der sich die Kinder Israels befanden, während sie durch die Wüste wanderten. Als sie sich über die Umstände beschwerten, nahm Er das persönlich. Sie beklagten sich über Ihn. Er hörte sich ihre Klagen nur eine gewisse Zeit lang an, bevor Er sie dem Verderber überließ, der ihr Leben beendete. Aus 1 Kor 10,11 geht klar hervor, dass es sich hier nicht um ein einzelnes Ereignis handelte. Das Gericht über sie ist eine Warnung für uns. Wenn wir genauso murren und uns wegen der Umstände beschweren, die Gott über unser Leben bringt, dann sollte es uns nicht überraschen, wenn wir ähnliche Konsequenzen erleben wie das, was ihnen widerfuhr.

## Jedes Prinzip braucht ein Gleichgewicht

Die Bereitschaft, Störungen als göttliche Zusammentreffen willkommen zu heißen, bedeutet nicht, dass wir zulassen sollen, wie andere uns übervorteilen und von dem Weg abbringen, zu dem Gott uns berufen hat. Für den namenlosen Mann Gottes in 1 Kö 13 erwies sich das als verhängnisvoll.

Jener Mann sprach gegen König Jerobeam eine machtvolle Weissagung aus. Danach, als er auf den Nachhauseweg war, begegnete er einem alten Propheten, der ihn in sein Haus einlud. Er erzählte dem alten Propheten, dass Gott ihn gewarnt habe, nichts zu essen, nichts zu trinken und nicht auf demselben Weg zurückzukehren, den er gekommen war. Der alte Prophet log und sagte, ein Engel hätte ihm gesagt, er solle ihn in sein Haus bringen. Nachdem der Mann Gottes zusammen mit dem alten Propheten gegessen und getrunken hatte, wurde er auf seinem Heimweg von einem Löwen getötet.

Jesus begrüßte Unterbrechungen, aber Er handelte besonnen und überließ Sein Schicksal niemals dem Willen anderer.

> Aber Jesus blieb ihnen gegenüber zurückhaltend, denn Er kannte sie alle. Er wusste genau, wie es im Innersten des Menschen aussieht; niemand brauchte Ihm darüber etwas zu sagen. — Joh 2,24–25 (NGÜ)

Die Evangelien berichten von mehreren Begebenheiten, in denen Jesus entweder „Nein" zu Menschen sagte, die Ihn von Seinem Weg abgebracht hätten, oder Er Menschen fortschickte, um weiter Gott folgen zu können, wie es Seine Berufung war.

> Und als er sie fortgeschickt hatte, ging er hin auf einen Berg, um zu beten. —Mk 6,46 (LUT)

> Es waren etwa viertausend Menschen. Dann schickte Jesus sie nach Hause. —Mk 8,9 (GNB)

> Da nun Jesus erkannte, dass sie kommen würden, um Ihn mit Gewalt zum König zu machen, zog Er sich wiederum auf den Berg zurück, Er allein. — Joh 6,15 (SLT)

Noch ein Beispiel: Als Jesus anfing, Seinen Jüngern gegenüber etwas über Seine bevorstehende Kreuzigung zu offenbaren, nahm Petrus Ihn beiseite und fuhr Ihn an und sprach: „Gott bewahre dich, Herr! Das widerfahre dir nur nicht!" Er aber wandte sich um und sprach zu Petrus: „Geh weg von Mir, Satan! Du bist Mir ein Ärgernis; denn du meinst nicht, was göttlich, sondern was menschlich ist." — Mt 16,21–23 (LUT)

Wenn Jesus aus der Abgeschiedenheit von einer Zeit innigen Gebets zurückkehrte, war Er stets aufmerksam und bereit, den Menschen machtvolle Demonstrationen der Liebe Gottes zu zeigen, selbst wenn sie für Ihn allem Anschein nach Störungen verursachten.

# KAPITEL 5
# WEM GILT UNSERE LIEBE?

## Wen sollen wir lieben?

Wenn du denkst, dass wir jeden lieben sollen, dann sieh nochmal genauer hin. Überraschenderweise hat Gott uns nie geboten, jeden zu lieben. Das ist Gottes Aufgabe. Er ist groß genug, Er schafft das.

> Denn so hat *Gott die Welt geliebt*, dass Er Seinen eingeborenen Sohn gab... — Joh 3,16 (ELB)

Wenn von uns verlangt wäre, *jeden* auf der Welt zu lieben, dann würde uns das erdrücken. Wie könnten wir jemals darauf hoffen, das zu schaffen? Diese Verantwortung hat Gott uns niemals aufgebürdet.

Eigentlich hebt Jesus nur ein einziges Mal eine *Gruppe* von Menschen hervor, die wir lieben sollen, und zwar in Seinem Gebot „Liebet eure Feinde" (Mt 5,44; Lk 6,27). *In jedem anderen Fall* trägt Er uns auf, unsere Liebe auf *einzelne Personen* zu richten – auf den *einen*, der neben uns ist und etwas braucht. Das ist machbar. Damit kommen wir klar. Und Er will, dass wir uns darauf konzentrieren.

Dies gebiete Ich euch, dass ihr *einander* liebt. — Joh 15,17 (ELB)

Du sollst *deinen Nächsten* lieben wie dich selbst. – Mt 19,19; Mt 23,39; Mk 12,31; Lk 10,27 (ELB)

Ein neues Gebot gebe Ich euch: Liebt *einander*! Wie Ich euch geliebt habe, so sollt auch ihr *einander* lieben. Daran werden alle erkennen, dass ihr Meine Jünger seid: wenn ihr *einander* liebt. – Joh 13,34-35 (EU)

Das ist Mein Gebot, dass ihr *einander* liebt, gleichwie Ich euch geliebt habe. Größere Liebe hat niemand als die, dass einer sein Leben lässt für seine Freunde – Joh 15, 12–13 (SLT)

## Wem gilt also unser Dienst?

Gott will, dass wir den einzelnen Menschen, denen wir begegnen und die Nöte plagen, dienen.

In der Geschichte vom Barmherzigen Samariter in Lk 10,25-37 hat uns Jesus deutlich gezeigt, wie das aussieht.

Achte darauf, dass der Samariter, als er anhielt, um dem Mann in seiner Not zu helfen, gerade auf dem Weg woanders hin war. Das war eine Unterbrechung in seinem Tagesablauf.

Wir sind dazu berufen, und uns ist es geboten, „Nächste" zu sein, die Menschen in Not Barmherzigkeit zeigen. Jesus beendete diese Geschichte vom Barmherzigen Samariter mit den Worten: „Geh hin und handle du ebenso."

Oder wie Heidi Baker oft sagt: „Liebe einfach den, der vor dir steht."

# „Ich sende euch aus"

Wenn Jesus Seine Jünger beauftragte, schickte Er sie *nicht* in die Kirchen. Jesus sandte sie *aus* in die Städte und Dörfer, nach Seinem Vorbild.

Stell dir das mal vor. Du befindest dich in der größten Bibelschule, die es je gegeben hat. Jesus Christus selbst ist der Schulleiter, und Er unterrichtet alle Fächer. Wenn die Zeit für dein Praktikum/deine Lehre gekommen ist, dann erwartest du vielleicht, dass Er dich in eine kuschelige Anstellung bei einer bekannten Gemeinde erhebt, als Hilfspastor oder vielleicht als Jugendmitarbeiter. Nein. Jesus hat sie *hinaus* geschickt – in die Städte und Dörfer, nach Seinem Vorbild, und dann ist Er ihnen gefolgt und ging in dieselben Städte und Dörfer, um dort zu wirken (Mt 10,1-16; Mk 3,13-15; 6,7-13; Lk 9,1-6; 10,1-17). Die Aussendung Seiner Jünger untermauert außerdem die Beobachtung, dass der Schwerpunkt von Jesu Wirken auf Begegnungen außerhalb der traditionellen religiösen Versammlungen lag.

> Die Siebzig aber kehrten mit Freuden zurück und sprachen: Herr, auch die Dämonen sind uns untertan in Deinem Namen! — Lk 10,17 (ELB)

Seit Jahrzehnten ist unsere wichtigste evangelistische Strategie in Amerika, die Menschen einzuladen, in die Kirche zu kommen. Die unausgesprochene Überlegung dabei lautet: Wenn wir die Leute nur dazu bringen können, dass sie sich in die Kirche hinein trauen, *dann* werden sie dort die Hilfe bekommen, die sie brauchen. Die Kirche „bringt sie schon wieder in Ordnung".

Wenn wir aber die Sache wie Jesus angehen, dann stellen sich erstaunliche Resultate ein, wenn wir einfach nur Jesu Vorbild folgen und nach *draußen* gehen, um dort zu dienen.

Meine Erfahrung hat mir gezeigt, dass ich reich beschenkt war mit Gelegenheiten, an der Seite wunderbarer gläubiger Christen zu dienen, die zu Festivals und Messen gingen (und fast zu jeder anderen Menschenansammlung), um anderen von Gottes Liebe zu erzählen. In dieser Umgebung haben wir normalerweise einen Stand errichtet oder uns an einen bestimmten Platz gestellt und mit Menschen geredet, die vorbei kamen.

Wenn wir Jesu Vorbild gefolgt sind und unseren Dienst außerhalb von Gemeindeversammlungen verrichteten, dann haben sich ständig so viele Leute bei uns angestellt, dass wir Schwierigkeiten hatten, allen gerecht zu werden! Wir neigen dazu, den Überblick zu verlieren über all die Errettungen, Heilungen und Erlösungen, die an diesen öffentlichen Schauplätzen stattfinden, aber wir haben ja Bücher voll mit wunderbaren, denkwürdigen Zeugnissen!

Anstatt die Leute einfach in die Kirche einzuladen, trägt Jesus uns auf, die „Kirche" zu ihnen zu bringen (Mt 28,19-20).

Bei einer Versammlung der Sojourn Church in Dallas hörte ich John Paul Jackson sagen: „Ich bin in der Kirche groß geworden. Mein ganzes Leben lang bin ich zur Kirche gegangen, aber ich sah, wer Gott war, als ich auf die Straße ging." Und das von einem Mann, der zu dieser Zeit bereits 28 Jahre im vollzeitlichen Dienst stand!

## Wenn der Vater sie zieht

Wir haben festgestellt, dass die Menschen sich eher öffnen, wenn sie an öffentlichen Plätzen zu uns kommen. Sie fahren ihre Verteidigungsanlagen herunter. Sie reden offen mit uns über ihre Probleme und Nöte und zeigen von sich aus ihre verletzliche Seite.

Ich denke, dass dieses Gefühl von Vertrauen daher kommt – zumindest zum Teil – weil die Leute spüren, dass wir *keinen Plan* haben, was diese Begegnungen angeht. Wir versuchen nicht, sie in irgendeine bestimmte Richtung zu drängen.

Es macht keinen Sinn, Leute zu einer Entscheidung zu drängen, für die sie noch nicht bereit sind, weil wir Folgendes begreifen: „Nur die können zu Mir [Jesus] kommen, die der Vater, der Mich gesandt hat, zu Mir führt." (Joh 6,44 GNB)

Tatsächlich liegt eine Gefahr darin, Menschen zu einer verfrühten Entscheidung zu drängen. Diese kann ihre Errettung sogar verzögern und es schwieriger für sie machen, zu Jesus zu kommen. Jesus hat uns in Mt 12,30 eindrücklich davor gewarnt:

> Wer nicht für Mich ist, der ist gegen Mich; wer nicht mit Mir sammelt, der zerstreut.

Es ist entscheidend, dass wir mit Gott und dem, was Er im Leben eines Menschen bewirkt, *zusammenarbeiten* und nicht *dagegen*. Wenn wir mit dem Herrn kooperieren, werden wir Zeichen dafür sehen, die das bestätigen.

> Sie aber gingen hinaus und verkündigten überall; und der Herr wirkte mit ihnen und bekräftigte das Wort durch die begleitenden Zeichen. — Mk 16,20 (SLT)

Wenn wir stattdessen Menschen in eine Richtung drängen, in die Gott sie in dem Moment nicht führt, dann werden wir Frustration, Widerstand und Ablehnung erleben; und selbst wenn sie in dem Augenblick eine Entscheidung treffen, weil wir darauf bestehen, dann liegt die tatsächliche Gefahr darin, dass sie nur von kurzer Dauer ist, weil es *unsere* Entscheidung war, nicht *ihre*. Sie kommen vielleicht schnell wieder davon ab, und dann wird es für sie viel viel schwieriger, zu Jesus zurückgezogen zu werden. Das ist genau das, wovor Jesus uns in Mt 12,30 warnt: „Wer nicht mit Mir sammelt, der zerstreut."

Es ist leicht, Menschen zu finden, die „zerstreut" wurden. Frag die Leute einfach, was sie von Jesus halten. Wenn sie negativ auf den Namen Jesus reagieren, dann frag sie mal warum. Sehr wahrscheinlich werden sie dann von einem negativen Erlebnis mit Christen berichten, sie sie von Jesus und der christlichen Gemeinde abgebracht haben. Sie sind „zerstreut" worden.

Ihre frühere negative Erfahrung mit christlichen Gläubigen wird es tatsächlich noch schwieriger für sie machen, dass sie zurück zu Jesus gezogen werden.

Warum wechseln die Leute oft die Straßenseite, wenn sie einen Straßenprediger sehen, um ihm aus dem Weg zu gehen, doch egal, wo Jesus hin ging, strömten die Menschen in Scharen zu Ihm? Was war es, das die Menschen anzog, wenn Jesus sprach, und was ist es, das die Menschen manchmal vertreibt, wenn wir reden?

Wenn du in den vier Evangelien von Jesu evangelistischen Begegnungen liest, dann achte einmal darauf, dass *Jesus niemals jemanden in irgendeine Richtung drängte.*

Er traf nie auf Widerstand, wenn Er jemanden einlud, weil Er die Leute nie in eine Richtung drängte, in die sie nicht bereits gezogen wurden.

Nirgends liest man etwas davon, dass Jesus überzeugende Argumente gebrauchte, um eine Person dazu zu bringen, Ihn als Herrn und Retter anzunehmen, und Er bedrängte die Person nicht ständig, *jetzt* eine Entscheidung zu treffen, bevor er oder sie sich wieder aus Seinem Beisein entfernte.

Das war damals nicht Seine Art, und es ist auch heute nicht Seine Art. Er war da, Menschen auf ihrem Weg zu stützen und zu führen, aber Er hat sie nie in eine Richtung gedrängt.

Betrachte einmal folgende Beispiele:

- Jesus rief die ersten Jünger mit einer einzigen einfachen Einladung: „Folge Mir nach." (Mt 9,9; Mk 2,14; Joh 1,43).

- Nathanael bekannte seinen Glauben, ohne dass Jesus ihn gedrängt oder dazu aufgefordert hätte. (Joh 1,49)

- Die Frau am Brunnen wurde nicht dazu *gedrängt*, Jesus als Messias zu bekennen. (Joh 4,29)

- Petrus durfte Jesus monatelang nachfolgen, bevor er sich endlich zu seinem Glauben bekannte. (Mt 16,13; Mk 8,27; Lk 9,21)

- Jesus zwang dem Mann am Teich von Bethesda Sein Tun nicht auf. Zuerst fragte Jesus: „Willst du geheilt werden?" (Joh 5,6)

- Auch dem blinden Bartimäus drängte sich Jesus nicht auf. Er fragte: „Was willst du, das Ich dir tun soll?" (Mk 10,51)

- Jesus hat nicht mal versucht, Judas die schlimmste Entscheidung seines Lebens auszureden – er verriet Jesus in den Tod.

Jesus hat sich niemandem aufgezwungen. Tatsächlich ist es vorgekommen, dass Er sich sogar weigerte, Menschen zu helfen, die Ihn um etwas baten – zumindest anfangs.

Manchmal hat Er „Nein" gesagt und wollte nichts tun, weil Er glaubte, dass es nicht der richtige Zeitpunkt war, wie bei Seiner Mutter Maria auf der Hochzeit zu Kana. „Frau, in was für eine Sache willst du Mich da hineinziehen?", entgegnete Jesus. „Meine Zeit ist noch nicht gekommen." — Joh 2,4 (NeÜ)

Ein andermal weigerte Er sich zu handeln, weil Er glaubte, dass Er dazu nicht berufen war, wie bei der syrophönizischen Frau. Er entgegnete: „Ich bin nur zu den verlorenen Schafen des Hauses Israel gesandt...Es ist nicht recht, den Kindern das Brot wegzunehmen und es den Haushunden vorzuwerfen." — Mt 15,24–26 (NeÜ)

Wenn es denn Überredung und aggressive Verkaufsstrategien sein sollen, warum greifen wir dann nicht auf die Methoden der kriegerischen religiösen Kreuzzüge im zwölften Jahrhundert zurück? „Du bekennst jetzt Jesus Christus als Herrn und Heiland, oder ich schlag' dir den Kopf ab!" Wenn wir wie aggressive Verkäufer vorgehen und die Sache auf die Spitze treiben, dann kommen wir dahin.

## Angenommen wie sie sind

Während unseres Einsatzes und bei unseren Begegnungen mit Menschen außerhalb der Kirchenmauern bauen wir eine vertrauensvolle Beziehung auf. Wir akzeptieren Menschen und nehmen sie so an, wie sie sind. Wir verlangen von ihnen nicht, dass sie sich auf irgendeine Weise ändern, bevor wir uns nicht um ihre Nöte gekümmert haben.

Womöglich neigen wir dazu zu glauben, dass wir erst jemanden auf seine Sünden ansprechen müssen, bevor wir beginnen können zu helfen, doch so war Jesus nicht.

• Er heilte Menschen, ohne dass Er von ihnen verlangt hätte, sie müssten zuerst Buße tun.

• Er speiste die 5.000, ohne von ihnen zu verlangen, sie müssten zuerst Buße tun.

• Selbst wenn Er jemanden direkt mit seiner Sünde konfrontierte, wie es bei der Ehebrecherin der Fall war, verlangte Er von ihr keine Reue, ohne ihr nicht zuvor Seine Liebe zu zeigen. Als Er die Sünde ansprach, dann aus der

Sicht, was für sie das Beste wäre. „Dann verurteile Ich dich auch nicht. Geh und sündige nicht mehr." — Joh 8,11 (NLB)

• Ebenso sprach Er die Sünde im Leben des Mannes an, der am Teich von Bethesda war, *nachdem* Er sich um dessen Not gekümmert und ihn geheilt hatte. „Jetzt bist du gesund; sündige nicht mehr, damit dir nicht noch Schlimmeres zustößt." — Joh 5,14 (EU)

Vor ein paar Jahren, beim jährlichen Haunted Happenings Festival in Salem, Massachussetts, war ich bei einem Einsatz mit dabei, als eine Frau zu uns kam, die Hilfe und Ermutigung suchte. Wir warteten auf den Heiligen Geist, und dann sah ich vor mir eine Vision von einem traumhaften Zuhause, umgeben von einem hübschen weißen Zaun. Alsdann kam von oben herab ein riesiges Fleischermesser und schlitzte die Szene entzwei – das Bild von einem zerbrochenen Zuhause. Ich fragte die Frau, ob sie den Schmerz zerrütteter Familienverhältnisse erlebt hätte. Die Dame vertraute uns an, dass sie gerade eine Trennung durchgemacht hatte – von ihrer Partnerin. Als sie diese Geschichte erzählte, traten ihr Tränen in die Augen. Der Schmerz war immer noch ganz nah unter der Oberfläche.

Es wurde uns klar, dass Gott jener Frau mit ihrem gebrochenen Herzen an diesem Abend Heilung verschaffen, ihr an dem Ort ihrer Not begegnen und sich der verheerenden Folgen eines zerbrochenen Zuhauses annehmen wollte. Zu keiner Zeit an jenem Abend drängte uns der Heilige Geist dazu, die Frau davon zu überzeugen, dass sie sich von ihrem Lebensstil distanzieren solle.

Liebe, Akzeptanz, Heilung – Nöten bedingungslos und ohne Voraussetzungen begegnen. Das zeichnete das Wirken von Jesus aus, als Er auf Erden wandelte, und dieselben Eigenschaften müssen auch Merkmale unseres Leben und unseres Dienstes sein.

Er lässt Seine Sonne für Böse wie für Gute scheinen, und Er lässt es regnen für Fromme und Gottlose. Wollt ihr etwa noch dafür belohnt werden, dass ihr die Menschen liebt, die euch auch lieben? Das tun sogar die Zolleinnehmer, die sonst nur auf ihren Vorteil aus sind! Wenn ihr nur euren Freunden liebevoll begegnet, ist das etwas Besonderes? Das tun auch die, die von Gott nichts wissen. Ihr aber sollt so vollkommen sein wie euer Vater im Himmel. — Mt 5,45–48 (HFA)

## Mein neuer bester Freund

Um in die richtige Gemütsverfassung zu kommen, stelle ich mir die Person, die zu mir kommt, als *meinen neuen besten Freund* vor. Wenn ich so denke, dann hilft mir das, sofort eine enge Beziehung zu denjenigen aufzubauen, denen ich begegne. In diesem Seelenzustand mag ich sie sofort. Ich möchte sie verstehen. Ich will tun, was ich kann, um ihnen zu helfen.

Da sah ihn Jesus an, und weil Er *ihn liebte*, sagte Er... — Mk 10,21a (EU)

Wenn wir Menschen begegnen, dann beginnen wir, *Beziehungen* zu *formen*, indem wir *zeigen*, dass wir uns ehrlich kümmern und sorgen und bereit sind, Menschen in ihren Problemen zu helfen – dass wir ihnen helfen wollen, die Antworten zu finden, nach denen sie suchen.

Nach unseren Einsätzen laden wir oft Menschen ein, bei uns zu bleiben, mit uns Zeit zu verbringen und gemeinsam zu essen. *Nachfolge wird geboren.* Sofort kann Jüngerschaft beginnen, während der ersten Begegnung, und von da an kann sie weitergehen.

Darüber dachte ich zum Ende eines unserer einwöchigen Outreach-Einsätze bei einem extrem radikalen sehr unchristlichen Festival nach. Viele, denen wir während der Woche unsere Dienste angeboten hatten, blieben, um gemeinsam mit uns zu essen.

Ich sprach mit einem unserer Leitenden und sagte: „Weißt du, ich hab das Gefühl, wir sind Sanitäter auf einem Schlachtfeld. Überall um uns her gibt es Verwundete, und wir kraxeln herum, um zu ihnen zu gelangen, ihre Wunden zu verbinden und ihnen Hilfe und Heilung zu bringen." Nachdem ich von diesem Gefühl erzählt hatte, dachte ich an folgende Passage aus dem Lukasevangelium. Der Kommentar in Klammern stammt von mir:

> Und es saß eine große Schar von Zöllnern und anderen, die es mit ihnen hielten, bei Tisch. Und die Schriftgelehrten unter ihnen und die Pharisäer murrten gegen Seine Jünger und sprachen: „Warum esst und trinkt ihr mit Zöllnern und Sündern? Und Jesus antwortete und sprach zu ihnen: „Nicht die Gesunden brauchen den Arzt (oder vielleicht einen Sanitäter?), sondern die Kranken. Ich bin nicht gekommen, Gerechte zu berufen, sondern Sünder zur Buße. – Lk 5,29–32 (SLT)

Als wir anfingen, uns nach dem Modell auszurichten, das Jesus für Sein Wirken anwandte, widerfuhr uns Ähnliches wie Jesus.

Pater Greg Boyle berichtet von vergleichbaren Erfahrungen bei seinem Umgang mit Mitgliedern einer Gang in Los Angeles.

> Wenn Sie bei dem Bibelgelehrten Marcus Borg nachlesen und im Index das Wort „Sünder" nachschlagen, steht dort „siehe Ausgestoßene". Das war eine soziale Gruppe von Leuten, die sich völlig inakzeptabel fühlten. Die Welt hielt sie für erbärmlich und schändlich, und diese giftige

Schande geriet, wie ich zuvor bereits sagte, nach innen und ließ sich häuslich in dem Ausgestoßenen nieder.

Die Strategie von Jesus ist simpel: Er speist mit ihnen. Genau zu denen, die von dieser giftigen Schande wie gelähmt sind, sagt Jesus: „Ich werde bei euch essen." Er geht dorthin, wo die Liebe noch nicht angekommen ist, und Er „haut rein". Dass Er mit den Ausgestoßenen aß, machte sie akzeptierbar. (Boyle, 2010)

Wir waren nicht allzu sehr besorgt um das Maß an Hingabe, das die Leute zeigten, die nach den Einsätzen bei uns herumlungerten. Jesus erlaubte *jedem*, Ihm von Anfang an nachzufolgen, doch an irgendeinem Punkt auf diesem Weg musste jeder die Kosten überschlagen und eine individuelle Entscheidung treffen, entweder alles Jesus anzuvertrauen und ein wahrer Jünger zu werden oder umzudrehen und in sein oder ihr altes Leben zurückzukehren. Jeder wird irgendwo entlang des Wegs an einen Punkt gelangen, von dem aus es kein Zurück mehr gibt.

## Seht die Felder an

Bei manchen Einsätzen, die draußen stattfinden, stellen sich die ganze Zeit Leute an und warten auf ihre Chance, mit uns zu reden, dabei harren manche mehr als eine Stunde unter unangenehmen Bedingungen aus. Im Allgemeinen ist es so, dass sie, wenn wir uns für die lange Wartezeit entschuldigen, so etwas sagen wie „Das ist schon okay. Ich hab gehört, das ist es wert."

Wenn wir einfach dem Vorbild von Jesus folgen und unseren Dienst *außerhalb* von Kirchenversammlungen verrichten, dann stellen sich oft so viele Leute an, damit für sie gebetet wird, sie Heilung empfangen, ermutigende prophetische Worte hören oder ihnen auf andere Weise geholfen wird, dass wir häufig nur schwer nachkommen.

Im Gegensatz dazu erleben wir in den Gemeindeversammlungen oft nichts dergleichen. Warum geht dafür die Zahl der Kirchenmitgliedschaften überall zurück? Weshalb betrachten die Leute den Gang zur Kirche oft als lästige oder unangenehme Pflicht?

Wenn ich von einem Außeneinsatz zurückkomme, bei dem wir es kaum geschafft haben, die ständige Nachfrage zu bewältigen, dann höre ich, wie die Menschen in den Kirchen und im christlichen Fernsehen und Radio ernsthaft zu Gott beten, dass Er eine Erweckung schicke. Ich kann mir nicht helfen, aber ich hab dann das Gefühl, dass ich gerade von „der Erweckung" zurückgekommen bin — aber die hat nicht in der Kirche stattgefunden, sondern *draußen*, unter den Menschen in Not.

In Gemeinden, die vom Heiligen Geist erfüllt waren, habe ich zwei ausgeprägte Erweckungen erlebt. In beiden Fällen hat Gott Sein Volk auf wunderbare Weise gesegnet. Da gab es Heilungen, Befreiungen, Erlösung und andere wundervolle Segnungen. Zur selben Zeit, als die Tage fortwährender Erweckungstreffen voranschritten und Freiwillige gefragt wurden, mit dabei zu sein und Abend für Abend da und dort zu helfen, machten sich Erschöpfung und sogar Ernüchterung breit; und je weiter sich die Erweckung in die Länge zog, desto weniger Gemeindemitglieder beteiligten sich an den Treffen.

Wenn im Gegensatz dazu Gruppen von Missionsreisen zurückkommen und davon erzählen, dann hat es einhellig den Anschein, dass sie begeistert und voller Energie sind und es kaum erwarten können, so bald wie möglich wieder zurückzugehen! „Die Siebzig aber kehrten mit Freuden zurück und sprachen: Herr, auch die Dämonen sind uns untertan in Deinem Namen!"— Lk 10,17 (ELB)

Woher kommt also dieser Unterschied?

Nach meiner Erfahrung kann Erschöpfung ein Signal dafür sein, dass ich bei etwas mitmache, wofür mir Gott keine Gnade schenkt. Das ist nicht immer der Fall. Manchmal bin ich, obwohl die Motivation da ist, einfach ausgelaugt und muss mir Ruhe gönnen, bevor ich weitermachen kann.

Gottes Gnade bringt den Wunsch, die Motivation und die Kraft mit sich, Seinen Willen auszuführen.

Wenn mich also die freiwillige Mitarbeit bei Erweckungstreffen in der Gemeinde erschöpft und desillusioniert, *aber* ein Einsatz mit einem Team *außerhalb der Kirche* mir Energie verleiht und ich mehr davon will, dann versucht Gott mir vielleicht etwas mitzuteilen.

Während wir ernsthaft darum beten, dass die Kirche eine Erweckung erlebt und wir einander hoffnungsvoll dadurch ermutigen, dass wir uns sagen, wenn die Salbung eintritt – vielleicht in ein paar Monaten – dann wird in unserer Kirche eine Erweckungsbewegung explodieren, sagt uns Jesus stattdessen womöglich Folgendes:

Sagt ihr nicht: ›Es dauert noch vier Monate, dann beginnt die Ernte‹? Nun, Ich sage euch: Blickt euch einmal um und seht euch die Felder an. Sie sind reif für die Ernte! — Joh 4,35 (NGÜ)

Könnte es sein…dass etwas passiert, wenn wir einfach *nach draußen gehen*, wie es Jesus tat, und dann werden wir anfangen, Ähnliches zu erleben wie diejenigen, die sahen, was Jesus bewirkte? Ich glaube, die Antwort lautet *Ja*!

# KAPITEL 6
# WIE BEREITEN WIR UNS VOR?

## Je größer die Finsternis,
## desto größer die Heiligung

Ein Grund, weshalb Jesu Wirken derartige Folgen hatte, war der Kontrast zwischen dem strahlenden Licht und dem Ort tiefster Finsternis, zu dem Er das Licht brachte.

> Das Volk, das in Finsternis saß (eingehüllt wohnte), hat ein großes Licht gesehen, und denen, die im Land und Schatten des Todes saßen, ist Licht aufgegangen. – Mt 4,16 (ELB)

Wir haben den gleichen Auftrag.

> So soll euer Licht leuchten vor den Leuten, dass sie eure guten Werke sehen und euren Vater im Himmel preisen. — Mt 5,16 (SLT)

Es bringt eindeutig Vorteile, wenn man den geistlichen Dienst nach draußen verlagert, vor die Kirchenmauern und Gemeindesäle. Gott gibt uns dafür Anreize. Gottes Liebe in uns wirkt sich nicht nur auf andere Menschen aus, auch unsere eigene Vollmacht, Stärke, Gunst, Zuversicht und Erfahrung in den Fertigkeiten, die für den Dienst vonnöten sind, steigen exponentiell an, weil Gottes Heiligung zunimmt, wenn wir nach draußen gehen, um Ihm dort zu dienen.

Im Juli 2009 befand ich mich gerade in Schottland und wartete darauf, dass eines der Meetings im Rahmen der CLAN Gathering Conference anfangen würde. Während ich also wartete, plauderte ich ein wenig mit dem Herrn, der vor mir saß. Im Verlauf unserer Unterhaltung sprach er ein prophetisches Wort, das mich betraf, und er sagte, ich würde in Hesekiel 47 vordringen und das dort Geschriebene in meinem eigenen Leben erfahren. Dieses Kapitel erzählt davon, dass Hesekiel in immer tieferes Wasser geführt wird, während er sich immer weiter weg vom Tempel entfernte.

Unser Gespräch brach ab, weil das Meeting begann. Die Rednerin bei dieser Veranstaltung war Heidi Baker. Erstaunlicherweise baute ihre Predigt an diesem Tag auf Hesekiel 47 auf! Sie lud uns ein, diesen Bibeltext selbst zu erfahren, und es wurden sogar blaue Banner aus Seide (die das tiefe Wasser darstellten) über unseren Köpfen hochgehoben, sodass sie uns bedeckten. Es war eine Art prophetischer Akt, durch den wir in dieses biblische Geschehen eintauchen sollten.

Das Prinzip aus Hes 47,1-10 besagt, dass, je weiter wir weggehen, heraus aus den traditionellen Gemeindeversammlungen, hinein in die Finsternis, das Wasser umso tiefer wird. Die Tiefe des Wassers zeigt hier an, in welchem Maß der Geist uns heiligt, sich uns offenbart und Kraft verleiht, unseren Dienst auszuüben.

Dann führte er mich zum Eingang des Tempels zurück und ich sah, wie unter der Tempelschwelle Wasser hervorströmte und nach Osten floss; denn die vordere Seite des Tempels schaute nach Osten. Das Wasser floss unterhalb der rechten Seite des Tempels herab, südlich vom Altar. Dann führte er mich durch das Nordtor hinaus und ließ mich außen herum zum äußeren Osttor gehen. Und ich sah das Wasser an der Südseite hervorrieseln. Der Mann ging nach Osten hinaus, mit der Messschnur in der Hand, maß tausend Ellen ab und ließ mich durch das Wasser gehen; das Wasser reichte mir bis an die Knöchel. Dann maß er wieder tausend Ellen ab und ließ mich durch das Wasser gehen; das Wasser reichte mir bis zu den Knien. Darauf maß er wieder tausend Ellen ab und ließ mich hindurchgehen; das Wasser ging mir bis an die Hüften. Und er maß noch einmal tausend Ellen ab. Da war es ein Fluss, den ich nicht mehr durchschreiten konnte; denn das Wasser war tief, ein Wasser, durch das man schwimmen musste, ein Fluss, den man nicht mehr durchschreiten konnte…

Wohin der Fluss gelangt, da werden alle Lebewesen, alles, was sich regt, leben können und sehr viele Fische wird es geben. Weil dieses Wasser dort hinkommt, werden (die Fluten) gesund; wohin der Fluss kommt, dort bleibt alles am Leben. Von En-Gedi bis En-Eglajim werden Fischer am Ufer des Meeres stehen und ihre Netze zum Trocknen ausbreiten. Alle Arten von Fischen wird es geben, so zahlreich wie die Fische im großen Meer. — Hes 47,1–10 (EU)

Mehrere Quellen berichten, dass durch Heidi Bakers Dienst in Afrika:

• zehntausend Gemeinden gegründet wurden (Stafford, 2012),

- *täglich* Tausende von Menschen gespeist werden (Baker & Baker, 2003),

- zahlreiche Menschen geheilt wurden (Stafford, 2012),

- mindestens dreiundfünfzig Menschen von den Toten auferweckt wurden (Grady).

Weshalb gab es während Heidi Bakers Wirkungszeit in Mosambique derart viele dieser außergewöhnlichen Wunder, während wir dergleichen nicht in unseren Gemeinden erleben? Könnte es deshalb sein, weil sie gehorsam in die Finsternis von Mosambique ging? Dort schwimmt sie jetzt in tiefen Wassern, nicht wahr?

## Es reicht nicht aus, in die Finsternis zu gehen

Es ist nicht genug, wenn man einfach in die Finsternis geht. Erinnerst du dich an die sieben Söhne von Skeva?

Einige Juden, die von Ort zu Ort zogen und böse Geister austrieben, versuchten ebenfalls, den Namen von Jesus, dem Herrn, für sich einzusetzen. Sie gebrauchten dabei die Formel: »Ich gebiete dir durch Jesus, den Paulus predigt: Fahre aus!«

Sieben Söhne des Hohen Priesters Skevas gingen so vor. Doch als sie es bei einem Mann versuchten, der auch von einem bösen Geist besessen war, erwiderte der Geist: »Ich kenne Jesus und ich kenne Paulus. Aber wer seid ihr?« Und der Besessene stürzte sich auf sie und attackierte sie mit solcher Heftigkeit, dass sie nackt und verletzt aus dem Haus flohen. Diese Geschichte verbreitete sich schnell in

Ephesus unter Juden und Griechen. Ehrfurcht erfasste die Stadt, und der Name von Jesus, dem Herrn, wurde sehr geehrt. — Apg 19,13–20 (NLB)

Wir müssen vorbereitet sein, und wir müssen eine Strategie haben. Wenn wir uns an finstere Orte begeben, wie es Heidi Baker getan hat, woher wollen wir wissen, dass es uns dann nicht ergeht wie den Söhnen von Skeva?

## Vorbereitung

Die richtige Vorbereitung ist unerlässlich. Jesus sandte die Zwölf nicht an ihrem ersten Tag aus, und Er schickte sie nicht fort ohne detaillierte, spezifische Anweisungen. Mindestens fünf Aspekte sind bei der Vorbereitung vonnöten, wenn wir uns siegesgewiss hinaus in die Finsternis schicken lassen:

1. Ausrüsten
2. Lernen
3. Üben
4. Zuversicht
5. Einsatzbereitschaft

Wir wollen diese fünf Aspekte einmal genauer unter die Lupe nehmen.

## Vorbereitung Teil 1: Ausrüsten

Ausrüsten heißt, die Kraft und das Rüstzeug erlangen, die für einen effektiven siegreichen Einsatz notwendig sind. Aus- bzw. Zurüsten geschieht durch den Heiligen Geist und kann vonseiten der Gemeindeleitung durch Händeauflegen erfolgen. Zurüsten heißt Anteil am Geist Gottes erhalten und geistliche

Gaben empfangen. Jesus verlieh Seinen Jüngern Kraft, bevor Er sie aussandte.

Und Er rief Seine zwölf Jünger zu sich und gab ihnen Macht über die unreinen Geister, dass sie die austrieben und heilten alle Krankheiten und alle Gebrechen. — Mt 10,1 (LUT)

Und Er rief die Zwölf [Apostel] zu sich und fing an, sie [als Seine Botschafter] auszusenden je zwei und zwei, und gab ihnen Macht über die unreinen Geister. — Mk 6,7 (LUT)

Er rief aber die Zwölf [Apostel] zusammen und gab ihnen Gewalt und Macht über alle bösen Geister und dass sie Krankheiten heilen konnten und sandte sie aus, zu predigen das Reich Gottes und die Kranken zu heilen. — Lk 9,1.2 (LUT)

Die Siebzig aber kehrten mit Freuden zurück und sprachen: Herr, auch die Dämonen sind uns untertan in deinem Namen! Da sprach Er zu ihnen: Ich sah den Satan wie einen Blitz vom Himmel fallen. Siehe, ich gebe euch die Vollmacht, auf Schlangen und Skorpione zu treten, und [körperliche und mentale Stärke und Fähigkeit] über alle Gewalt des Feindes; und nichts wird euch in irgendeiner Weise schaden. — Lk 10,17–19 (SLT)

Nach Jesu Auferstehung waren die Jünger angewiesen worden, in Jerusalem zu warten, bevor sie sich hinaus wagten, damit sie mit Macht bekleidet würden. In Apg 1 stellt Jesus klar, dass diese Kraft durch die Taufe im Heiligen Geist kommen würde. Er weist ebenfalls darauf hin, dass die Taufe durch den Heiligen Geist unerlässlich ist, *bevor* sie wirksame Zeugen für Ihn sein konnten.

Was Mein Vater euch versprochen hat, werde Ich zu euch herabsenden. Bleibt so lange hier in der Stadt, bis ihr mit der Kraft aus der Höhe ausgerüstet worden seid. — Lk 24,49 (NeÜ)

Bei einer dieser Begegnungen, als sie gerade aßen, sagte Er: »Bleibt hier in Jerusalem, bis der Vater euch sendet, was Er versprochen hat. Erinnert euch: Ich habe schon mit euch darüber geredet. Johannes hat mit Wasser getauft, doch schon in wenigen Tagen werdet ihr mit dem Heiligen Geist getauft werden.« ...wenn der Heilige Geist über euch gekommen ist, werdet ihr Seine Kraft empfangen. Dann werdet ihr den Menschen auf der ganzen Welt von Mir erzählen – in Jerusalem, in ganz Judäa, in Samarien, ja bis an die Enden der Erde.« — Apg 1,4–8 (NLB)

Vor Jahren nahm ich im Raum Boston an einer Konferenz von Streams Ministries teil. Am Donnerstag wurde ein besonderer Abend für die Partner der Organisation veranstaltet. Am Ende des Meetings umarmte John Paul Jackson jeden von uns und betete dafür, dass wir Anteil am Heiligen Geist empfangen würden. Als er zu mir kam, umarmte er mich fest, wie es typisch für ihn war, und betete, dass ich die Gabe der Zeichen und Wunder nach dem Verlangen meines Herzens erhielte...oder so etwas in der Art. Ich kann mich nicht mehr an seine genauen Worte erinnern.

Am nächsten Tag gab es ein besonderes Mittagessen für Partner der Organisation. Ich saß mit Leuten an einem Tisch, denen ich vorher noch nicht begegnet war, aber man unterhielt sich gern und erfuhr mehr über die anderen. Zu meiner Linken saßen Emily und ihre Freundin Mary, die mit einem Pastor verheiratet war.

Später traf ich zufällig noch einmal auf Mary. Als ich zwischen den einzelnen Veranstaltungen gerade von einem

Meetingraum zum anderen ging, sah Mary mich im Gang, wandte sich wieder um zu einer anderen Frau und sagte: „Da ist er ja! Das ist der Mann, von dem ich dir erzählt habe!"

Mary erklärte mir, warum sie so reagiert hatte, und sagte, *meine Hände hätten in Flammen gestanden*, als wir miteinander am Mittagstisch saßen! Jedes Mal, wenn sie auf meine Hände blickte, so erzählte sie, sah sie daraus hell leuchtende Flammen hervorkommen!

Sie hatte, während wir noch zusammen saßen, nichts gesagt, weil alle anderen, unserer Reaktion nach zu urteilen, nichts gesehen hatten, und sie wollte nicht, dass wir sie für verrückt hielten! Das Ganze war deshalb noch bemerkenswerter, weil sie, wie sie sagte, noch nie zuvor eine übernatürliche Vision gesehen hatte. Für mich war das die Bestätigung, dass ich durch John Paul Anteil an etwas geistlich Bedeutsamem erhalten hatte.

Ich hatte die „flammenden Hände" nicht gesehen, ich hatte auch nichts gespürt, nachdem John Paul für mich gebetet hatte, doch offensichtlich hatte ich etwas Machtvolles empfangen! An jenem Tag begriff ich, dass, nur weil ich nach dem Beten nichts *fühlte*, das nicht heißt, dass ich nichts *erhalten* hätte!

## Wozu es Gemeindeleiter gibt

Einmal, vor vielen Jahren, saß ich vor einer Theaterbühne und lauschte, zusammen mit dem Rest des Publikums, einem Prediger, der für seine Dämonenaustreibungen bekannt war und der gerade eine ganze Reihe von Geschichten darüber erzählte, wie er auf dramatische Weise Menschen von den Einflüssen dunkler Mächte befreit hatte. Nachdem ich mir mehrere dieser Berichte angehört hatte, wollte ich am liebsten laut rufen: „Ich hab genug Geschichten gehört! Jetzt bringen

Sie mir mal bei, wie das geht!" Ich wollte nicht einfach nur Erzählungen von dramatischen Befreiungen hören. Ich wollte ausgerüstet werden, um selber genau das tun zu können!

Ein Wort an die Gemeindeleitung:

Wenn wir als Gemeindeleiter die meiste Arbeit selber erledigen, dann verfehlen wir womöglich unsere Berufung. Die Leitenden sind der Gemeinde vorgestellt, damit sie *andere dafür ausrüsten*, in den Dienst zu treten.

> Er ist es nun auch, der Gaben [vielfältige; Er selbst hat Menschen eingesetzt und uns gegeben] geschenkt hat: Er hat die Apostel (besondere Botschafter) gegeben, die Propheten (inspirierte Prediger und Ausleger), die Evangelisten (Verkündiger des Evangeliums, umherreisende Missionare), die Hirten (Hüter Seiner Herde) und Lehrer. Ihre Aufgabe ist es, die Gläubigen (Sein geheiligtes Volk) für ihren Dienst vorzubereiten *und* die Gemeinde - den Leib Christi - zu stärken. — Eph 4,11–12 (NGÜ/NLB)

Den Ältesten und anderen Leitern in der Gemeinde kann die Aufgabe zufallen, die Taufe im Heiligen Geist zu vollziehen als auch Kraft und Gaben an andere weiterzugeben und Menschen für ihren Dienst zu weihen, um so den Leib Christi mit auszurüsten. Genau genommen ist das einer der Hauptgründe, weshalb es fünf geistliche Ämter gibt.

> Als aber Simon sah, dass durch die Handauflegung der Apostel der Heilige Geist gegeben wurde... — Apg 8,18 (SLT)

> Vernachlässige nicht die Gnadengabe in dir [jene besondere innere Begabung], die dir gegeben worden ist [durch den Heiligen Geist] durch Weissagung mit

Handauflegung der Ältestenschaft [als du geweiht wurdest]. — 1 Tim 4,14 (ELB)

Aus diesem Grund erinnere ich dich daran, die Gnadengabe Gottes [das inwendige Feuer] wieder anzufachen [die Glut wieder aufflammen zu lassen, das Feuer zu entfachen und am Brennen zu halten], die durch Auflegung meiner Hände [mit denen der Ältesten bei deiner Einsetzung] in dir ist. — 2 Tim 1,6 (SLT)

## Vorbereitung Teil 2: Lernen

Es gehört zum Lernprozess dazu, dass man sich biblisch fundierten Rat holt von klugen Lehrern, die erfahren sind in einem vom Heiligen Geist geleiteten Dienst.

Weisheit zu erwerben ist das Wichtigste im Leben! Und alles, was du hast, setze dafür ein, Verstand zu erwerben. — Spr 4,7 (NLB)

Auch Jesus und der Apostel Paulus stellten klar, dass Macht, Heiligung und Begeisterung nicht ausreichen.
Der Apostel Petrus trägt uns auf: "Darum setzt allen Eifer daran, mit eurem Glauben die Tugend zu verbinden, mit der Tugend die *Erkenntnis*." — 2 Pe 1,5 (EU).

Denn ich bezeuge ihnen, dass sie [einen gewissen] Eifer haben für Gott; aber es ist ein Eifer ohne [die richtige und lebensnotwendige] Erkenntnis. — Rö 10,2 (EU)

Seht, ich sende euch wie Schafe mitten unter die Wölfe; seid daher klug wie die Schlangen und arglos wie die Tauben. — Mt 10,16 (EU).

# Wähle dir weise Lehrer

Ein Teil dieser Einsicht wird sich mit der Zeit durch Erfahrung einstellen, doch durch Lernen unter den wachsamen Augen kluger, erfahrener Lehrer und Mentoren lässt sich die Aneignung von Weisheit beschleunigen.

> Wer mit Weisen unterwegs ist, wird weise, wer mit Toren verkehrt, dem geht es übel. — Spr 13,20 (EU).

> Gehorcht euren Gemeindeleitern und folgt ihren Anweisungen [erkennt jederzeit ihre Autorität über euch an]. Ihre Aufgabe ist es, über euch zu wachen, und sie werden über ihren [anvertrauten] Dienst Rechenschaft geben müssen. Das sollen sie [mit eurer Hilfe] mit Freude tun können anstatt mit Seufzen und Stöhnen; denn das würde [auch] für euch böse Folgen haben. — Heb 13,17 (GNB)

# Erledige deine Hausaufgaben

Gemeindeleiter können dafür sorgen, dass wir hervorragend ausgebildet werden, als einzelne Jünger ist es für uns jedoch unerlässlich, dass wir diesen Lernprozess durch eigenes Studium der Heiligen Schrift und Umsetzen des Gelernten vertiefen.

Unsere *Lehrer* haben vielleicht ein klares und gründliches Verständnis davon, was die Grundlagen eines gelungenen Dienstes angeht, doch das hilft *uns* nicht viel weiter, wenn wir die Aussagen der Schrift nicht verinnerlichen und uns durch Selbststudium und Anwendung in der Praxis Wissen aus erster Hand aneignen.

Unserem persönlichen Studium der Schrift müssen wir voller Eifer nachgehen, sodass wir unsere eigenen

Offenbarungen der Wahrheit direkt von dem Heiligen Geist empfangen.

> Strebe eifrig danach, dich Gott als bewährt (durch Erprobung geprüft) zu erweisen, als einen Arbeiter, der sich nicht zu schämen braucht, der das Wort der Wahrheit recht teilt [richtig damit umgeht und gekonnt lehrt]. — 2 Tim 2,15 (SLT)

> …und dass Er die belohnt, die Ihn aufrichtig suchen [zu Ihm kommen] — Heb 11,6 (AMP)

## Vorbereitung Teil 3: Üben

Es ist wunderbar, wenn man geistliche Gaben hat, aber Jesus erwartet von uns, dass wir die Gaben *einsetzen*, die uns gegeben wurden. Das ist die Botschaft in dem Gleichnis von den Talenten in Mt 25,14-30 (N).

> Denn es [das Reich Gottes] ist wie bei einem Menschen, der außer Landes reisen wollte, seine Knechte rief und ihnen seine Güter übergab. Dem einen gab er fünf Talente, dem anderen zwei, dem dritten eins, jedem nach seiner Kraft, und er reiste sogleich ab. Da ging der hin, welcher die fünf Talente empfangen hatte, handelte mit ihnen und gewann fünf weitere Talente. Und ebenso der, welcher die zwei Talente [empfangen hatte], auch er gewann zwei weitere. Aber der, welcher das eine empfangen hatte, ging hin, grub die Erde auf und verbarg das Geld seines Herrn. Nach langer Zeit aber kommt der Herr dieser Knechte und hält Abrechnung mit ihnen.

> Und es trat der hinzu, der die fünf Talente empfangen hatte, brachte noch fünf weitere Talente herzu und sprach:

Herr, du hast mir fünf Talente übergeben; siehe, ich habe mit ihnen fünf weitere Talente gewonnen. Da sagte sein Herr zu ihm: Recht so, du guter und treuer Knecht! Du bist über wenigem treu gewesen, ich will dich über vieles setzen; geh ein zur Freude deines Herrn! Und es trat auch der hinzu, der die zwei Talente empfangen hatte, und sprach: Herr, du hast mir zwei Talente übergeben; siehe, ich habe mit ihnen zwei andere Talente gewonnen. Sein Herr sagte zu ihm: Recht so, du guter und treuer Knecht! Du bist über wenigem treu gewesen, ich will dich über vieles setzen; geh ein zur Freude deines Herrn!

Da trat auch der hinzu, der das eine Talent empfangen hatte, und sprach: Herr, ich kannte dich, dass du ein harter Mann bist. Du erntest, wo du nicht gesät, und sammelst, wo du nicht ausgestreut hast; und ich fürchtete mich, ging hin und verbarg dein Talent in der Erde. Siehe, da hast du das Deine!

Aber sein Herr antwortete und sprach zu ihm: Du böser und fauler Knecht! Wusstest du, dass ich ernte, wo ich nicht gesät, und sammle, wo ich nicht ausgestreut habe? Dann hättest du mein Geld den Wechslern bringen sollen, so hätte ich bei meinem Kommen das Meine mit Zinsen zurückerhalten. Darum nehmt ihm das Talent weg und gebt es dem, der die zehn Talente hat!

Denn wer hat, dem wird gegeben werden, damit er Überfluss hat; von dem aber, der nicht hat, wird auch das genommen werden, was er hat. Und den unnützen Knecht werft hinaus in die äußerste Finsternis! Dort wird das Heulen und Zähneknirschen sein.

Es scheint auf der Hand zu liegen, dass Gott uns für unsere Gaben nicht belohnt. Er belohnt uns dafür, dass wir die Gaben, die Er uns gegeben hat, benutzen und weiterentwickeln, damit wir hochqualifizierte Meister werden in dem, was wir tun, und eine vorbildliche Leistung abliefern.

Eigentlich müsstet ihr längst in der Lage sein, andere zu unterrichten; stattdessen braucht ihr selbst wieder jemand, der euch die grundlegenden Wahrheiten der Botschaft Gottes lehrt. Ihr habt sozusagen wieder Milch nötig statt fester Nahrung. Wer nur Milch verträgt, ist ein Kind [noch nicht imstande zu reden] und hat noch nicht die nötige Erfahrung, um sein Leben so zu gestalten, wie es nach Gottes Wort richtig (dem Zwecke, Denken und Handeln nach im Einklang mit dem göttlichen Willen) ist. Feste Nahrung hingegen ist für Erwachsene, für reife Menschen also, deren Urteilsfähigkeit *aufgrund ihrer Erfahrung so geschult ist*, dass sie imstande sind, zwischen Gut und Böse zu unterscheiden. — Heb 5,12–14 (NGÜ)

Oft bewundern wir Menschen, die dadurch hervorstechen, dass sie Meister auf ihrem Gebiet sind — Sportler oder darstellende Künstler schaffen es, dass das, was sie tun, ganz leicht wirkt. Womöglich tun wir ihre beeindruckenden Leistungen damit ab, dass sie ja das Ergebnis unglaublicher Gaben sind, mit denen sie gesegnet wurden. In Wahrheit ist es in den meisten Fällen so, dass, obwohl diese Menschen zunächst mit einer Begabung anfingen, diese für sie nur die *Ausgangsbasis* war. Zumeist gehören die Darsteller, die wir bewundern, auch zu den Menschen, die auf ihrem Gebiet am härtesten an sich arbeiten. Oft sind sie die ersten, die zur Arbeit oder zum Training erscheinen, und oft sind sie die letzten, die am Ende des Tages die Trainingsanlage oder ihren Arbeitsplatz wieder verlassen.

Es gibt Leute, die haben zu mir gesagt, ich hätte eine Lehrbegabung. Vielleicht stimmt das, aber mit drei Collegeabschlüssen und in mehr als fünfundzwanzig Jahren Erfahrung im öffentlichen Schulwesen habe ich viel Mühe investiert, um diese ursprüngliche Gabe zu einer bis ins Feinste abgestimmten Fähigkeit zu vervollkommnen.

Wenn wir gleichermaßen davon ausgehen, dass wir die Gaben, die Gott uns gegeben hat, gebrauchen und auf ein Höchstmaß an Können und Kompetenz ausbauen sollen, müssen wir dafür auch Zeit und Gelegenheit zur praktischen Anwendung einräumen (Heb 5,14). Ob es nun um geistliche Gaben oder mathematische Fähigkeiten geht, das Prinzip ist dasselbe.

Ein Sprichwort besagt "Übung macht den Meister". Wenn ein guter Lehrer im Matheunterricht etwas Neues anfängt, wird er es zuerst vorführen, und dann arbeitet die Klasse gemeinsam an einem Problem oder an einigen wenigen Aufgaben. Danach lässt der Lehrer Zeit für Gruppenübungen unter seiner Aufsicht, wobei er jedem, der zusätzliche Hilfe benötigen könnte, seine konzentrierte Aufmerksamkeit widmet. Schließlich gibt der Lehrer Matheaufgaben aus, die allein gelöst werden müssen. Ein Lehrer, der sein Fach beherrscht, weiß, dass all die praktischen Übungen in diesem Ablauf notwendig sind, damit sich die Schüler das Grundprinzip merken und das Gelehrte aneignen.

Einige der besten Erfahrungen, die du je machen wirst, sind die auf Missionsreisen und bei Straßenevangelisationen. Das sind großartige Gelegenheiten, um unsere tagtäglichen Verantwortungen einmal beiseite zu legen und uns wirklich und fokussiert Zeit dafür zu nehmen, die Werke Jesu zu vollbringen. Es ist beachtlich, wie viel wir lernen und wie weit wir wachsen können, wenn wir bei solchen Schwerpunktveranstaltungen mitmachen.

# Nicht aufgeben!

Jeder fällt mal hin, wenn er Laufen oder Fahrradfahren lernt, aber mit ein wenig Übung schafft es fast jeder. Was beim ersten Versuch vielleicht noch unmöglich erschien, geht in verhältnismäßig kurzer Zeit in Fleisch und Blut über. Wenn wir etwas regelmäßig praktizieren, können wir dabei ein Maß an Expertise erreichen, dass wir gar nicht mehr darüber nachdenken müssen.

Das Wichtigste ist weiterzumachen! Nicht aufgeben! Ein Meister wird nur, wer nicht aufgibt!

Oder meinst du, Babys würden je zueinander sagen: „Ich glaub', dieses „Gehen", das ist nichts für mich. Ich hab's ja versucht, aber ich krieg' das irgendwie nicht hin. Ich mach' immer wieder Fehler. Nach ein oder zwei Schritten fall' ich schon wieder hin. Ich hab dafür gebetet, aber ich glaub', ich hab diese Gabe einfach nicht."

Wir können wertvolle Lektionen darüber lernen, was es heißt, unsere geistlichen Gaben weiterzuentwickeln, wenn wir Babys dabei beobachten, wie sie das Laufen lernen. Sie fallen vielleicht wieder und wieder hin, aber sie machen sich einfach nichts aus diesen Stürzen. Sie stehen einfach wieder auf und versuchen's noch einmal, und bevor wir uns recht versehen, haben sie es schon geschafft, ohne Hilfe zu laufen, und dabei erinnern sie sich noch nicht mal an all die Missgeschicke, die ihnen passiert sind, während sie zu überaus fähigen aufrecht gehenden Menschenkindern wurden.

## Ein Wort an die Leiter

Als Eltern würden wir unseren Kindern nie das Fahrrad wegnehmen, wenn sie ein- oder zweimal hingefallen sind. Das gehört zum Lernen dazu. Vielleicht widerfahren ihnen ein paar heftige Stürze, bevor sie zu geübten Radfahrern geworden sind, aber wenn sie nicht aufgeben, dann werden sie sehr schnell besser, und in Nullkommanix beherrschen sie das Fahrradfahren.

Als Gemeindeleiter müssen wir dasselbe Prinzip anwenden, wenn wir Gläubigen den Weg weisen, wie sie lernen können, ihre Gaben richtig einzusetzen.

Fehler gehören beim Lernen dazu. Damit es uns möglich ist, „die Heiligen (Sein geheiligtes Volk) für den Dienst [den sie übernehmen sollen] auszurüsten" (Eph 4,12 ELB), müssen wir den Heiligen die Freiheit einräumen, dabei Fehler zu machen und auch Rückschläge zu erfahren. Und dann helfen wir ihnen wieder auf, klopfen ihnen den Staub ab und ermutigen sie dazu, weiterzumachen und nicht aufzugeben.

> Denn der Gerechte fällt siebenmal und steht wieder auf —
> Spr 24,16a (SLT).

## Vorbereitung Teil 4: Zuversicht

Viele viele Leute sind gut ausgerüstet und geschult, aber sie sind nutzlos für den Dienst, weil es ihnen an Zuversicht mangelt und die Angst sie zurückhält. Sie wollen nicht rausgehen, aus Angst, dass sie versagen oder auf Ablehnung stoßen.

> Die Angst des Menschen führt ihn in die Falle; wer auf den Herrn vertraut, ist sicher. — Spr 29,25 (EU)

Viele in Sauls Heer waren erfahrener und geübter in der Kriegsführung als David, doch keiner von ihnen trat hervor, um dem Feind zu begegnen. Warum nicht?

Und was veranlasste David, nach vorn zu kommen und dem Feind mit siegessicherer Zuversicht ins Auge zu blicken, obwohl er kein Soldat der Armee war und keine Rüstung hatte, die ihn schützte?

David vertraute auf den Sieg.

Er hatte bereits andere Kämpfe erlebt, gegen einen Löwen und gegen einen Bären, und er war als Sieger daraus hervorgegangen (1 Sam 17,37). Aufgrund dieser gelungenen Siege verliefen Davids Gedanken anders als die aller Soldaten in Sauls Heer. Während jeder Soldat der Armee Furcht in seinem Herzen trug und von einer sicheren Niederlage ausging, wenn er es riskierte dem Feind gegenüberzutreten, kam David der Gedanke an eine Niederlage erst gar nicht in den Sinn. Weil er in vorherigen Kämpfen siegreich gewesen war, kam er gar nicht erst auf den Gedanken, er könne verlieren, daher überfiel ihn nicht die gleiche Furcht wie die Soldaten, die wesentlich besser ausgerüstet und trainiert waren.

Es ist wichtig, dass wir dieses Prinzip begreifen. David war der *am wenigsten qualifizierte* von allen, die sich auf dem Schlachtfeld befanden! Was ihn jedoch von den anderen unterschied, waren die Siege, die er in der Vergangenheit in ähnlichen Situationen erlebt hatte. Mit Erfolgsgeschichten im Gepäck war er frei von jeglicher Angst, dass diese neue Herausforderung anders enden könnte als mit einem Sieg.

Wir dürfen nach ein oder zwei entmutigenden Erfahrungen unseren Dienst nicht aufgeben. Dieser Teil gehört untrennbar zum Lernen dazu, wenn wir an unseren Gaben und Berufungen wachsen sollen.

Ein guter Leiter wird alles in seiner Macht Stehende dafür tun, dass die Erfahrungen, die du in deinem Aufgabenbereich machst, positiv und ermutigend sind.

Der Risikofaktor sollte sehr langsam von *Null Risiko* zu Beginn erhöht werden auf waghalsig und mit hohem Risiko verbunden, wenn Gott mit im Boot ist.

Als David nach vorn ging, um gegen Goliath zu kämpfen, stand das Schicksal der Nation Israel auf dem Spiel. Der Riskikofaktor war sehr hoch. Doch Gott schickte David erst in die Schlacht gegen Goliath, nachdem Er ihn durch vorherige Kämpfe, bei denen David nur Schafe verteidigen musste, auf diesen Moment vorbereitet hatte. In Davids ersten beiden Kämpfen lag der Risikofaktor wesentlich niedriger. Es stand bei seinen ersten zwei Kämpfen nicht annähernd so viel auf dem Spiel. Nachdem David siegreich aus seinen ersten beiden Kämpfen hervorgegangen war, hatte er die Zuversicht, die er für eine Situation benötigte, in der alles auf dem Spiel stand.

## Vorbereitung Teil 5: Einsatzbereitschaft

Damit Gott dich für einen Dienst gebrauchen kann, musst du dich in eine Situation begeben, in der du potenziell dienen kannst. Du musst den ersten Schritt tun.

Petrus war der einzige Jünger, der über Wasser ging, aber er hätte diese Erfahrung nie gemacht, wenn er nicht aus dem Boot gestiegen wäre. Was ist mit den anderen Jüngern, die mit Petrus in dem Boot gewesen waren? Hätten sie auch über das Wasser laufen können? Galt die Einladung auch ihnen?

Denn es ist kein Ansehen der Person bei Gott. — Rö 2,11 (ELB)

Wenn ihr Wunsch nur groß genug gewesen wäre, hätte sie Jesus auch gebeten, zu Ihm zu kommen?

„Und Ich sage euch: Bittet, und es wird euch gegeben werden." — Lk 11,9a (ELB)

Doch sie hatten nicht gefragt. Sie gaben sich selbst nicht die Möglichkeit, das Wunder zu erleben.

Dasselbe gilt für den Dienst. Wenn du willst, dass Gott dich für einen Dienst gebraucht, dann musst *du* danach verlangen. *Du* musst vom Sofa runter. *Du* musst es möglich machen, dass du für einen Dienst eingesetzt wirst.

Auf einmal passieren beachtliche Dinge, wenn Menschen einfach aus dem Haus gehen und sich dorthin begeben, wo man dienen kann! Mehr als einmal habe ich das erlebt. Menschen, die vom Heiligen Geist *nie* ein Wort der Erkenntnis über jemanden anders empfangen hatten, erhielten plötzlich eine deutliche Offenbarung, *nachdem* sie es wagten, mit einem kleinen Team nach draußen vor die Kirchenmauern zu gehen, um dort nach Menschen Ausschau zu halten, um die sich sich kümmern konnten.

Joe und seine Frau nahmen an einem prophetisch-evangelistischen Workshop teil, den ich in unserer Gemeinde in der Gegend um Dallas in Texas organisiert hatte. Am letzten Tag des Workshops gingen wir alle raus zu einem Bahnhof in Dallas. Die Teilnehmer wurden in Teams zu je zwei oder drei aufgeteilt und losgeschickt, um Menschen zu finden, denen sie in der Kraft des Heiligen Geistes zu Diensten sein konnten.

Joe hatte seine Frau zu dem Workshop begleitet, doch eigentlich wollte er nicht bei dem Straßeneinsatz mitmachen.

Nach mehreren persönlichen Kontakten an der Bahnstation bildeten wir neue Teams, um mehr mit unterschiedlichen Partnern üben zu können. Nachdem die Teampartner ausgetauscht waren, befand sich Joe's Frau nun in einem Team ohne männlichen Begleiter.

Ich fragte Joe, ob es ihm etwas ausmachen würde, mit den Damen mitzugehen, weil ich mich unwohl bei dem Gedanken fühlte, zwei Frauen allein auf die Straßen von Dallas zu schicken. Joe war ein Gentleman, und er war einverstanden.

Dann passierte etwas Seltsames. Während Joe die Damen begleitete, die auf die Leute in der Straße zugingen, empfing er plötzlich Offenbarungen vom Herrn über die Menschen, denen sie sich näherten! Es ließ sich nicht leugnen! Er fing an, Offenbarungen vom Heiligen Geist zu empfangen, die die Leute betrafen, denen sie begegneten, erst *nachdem* er sich einem Team am Bahnhof angeschlossen hatte. Zuvor, als er sich eher im Hintergrund gehalten hatte, überkam ihn keine Offenbarung, obwohl er sich doch für die Straßenevangelisation engagierte.

## Beginne bei deinem Nächsten

Wo fangen wir an? In Lk 10 beschreibt Jesus unseren Nächsten als jemanden, der unseren Weg kreuzt und etwas benötigt. Nachdem Er die Geschichte vom Barmherzigen Samariter erzählt hatte, trug Er uns auf „Geh hin und handle du ebenso."

Wir müssen uns keine Sorgen darüber machen, dass wir nun in ein finsteres fernes Land aufbrechen, um dort einen Dienst zu verrichten. Wenn wir uns getreu um die Nöte derer kümmern, die uns über den Weg laufen, dann wird Gott unseren Wirkungsbereich erweitern – vielleicht sind es dann finstere Orte, aber nur, wenn wir bereit dafür sind. Gott ist vertrauenswürdig. Wir können Gott vertrauen, dass Er uns nicht den Wölfen zum Fraß vorwirft, unvorbereitet und ungeschützt, sodass wir am Ende in Gefahr geraten wie die Söhne des Skeva.

## Selbsteinschätzung: Wie gut vorbereitet bist du in diesem Moment?

Ziel: Beurteile, auf welchem Stand du mit deinen Vorbereitungen gerade bist. Das soll dir keine Angst einjagen oder dich entmutigen. Wenn es um geistliches Wachstum geht, haben wir alle noch viel Luft nach oben! Diese Selbsteinschätzung wird dir dabei helfen, dass du erkennst, welche Art von Hilfestellung du anderen Menschen jetzt anbieten kannst und in welchen Bereichen du dich noch weiterentwickeln und verbessern kannst und dann ausreichend darauf vorbereitet bist, die Werke Jesu zu vollbringen.

1. Ausrüsten

   a. Bist du im Heiligen Geist getauft worden? (Apg 19,2-6)

   b. Haben die Gemeindeleiter dir die Hände aufgelegt, damit du Anteil erhältst an den Gaben des Heiligen Geistes? (1 Kor 12 und 14)

   c. Nutzt du die Chance und lässt dir von gottesfürchtigen Leitern geistliche Impulse vermitteln? (1 Tim 4,14 und 2 Tim 1,6)

2. Lernen

   a. Durchforschst du das Wort Gottes, um Antworten für deine Probleme zu finden?

   b. Benutzt du Hilfsmittel wie z.B. Konkordanzen, Wörterbücher und ähnliche Software für dein Bibelstudium?

   c. Kannst du Gottes Stimme auf vielfältige Art und Weise hören?

d. Gibt es Mentoren oder Lehrer, die du respektierst und von denen du regelmäßig etwas lernen kannst? (Spr 13,20)

e. Wirken die Gaben des Heiligen Geistes in dir – Prophetie, Zungenrede, Auslegung von Zungenrede, Worte der Erkenntnis, Worte der Weisheit, Unterscheidung der Geister, Heilungen, Wunderzeichen, Glauben – innerhalb und außerhalb der kirchlichen Versammlungen?

f. Verschaffst du Menschen körperliche, mentale oder emotionale Heilung – innerhalb und außerhalb von kirchlichen Versammlungen?

g. Hilfst du Menschen dabei, dass sie frei werden von dunklen geistlichen Einflüssen – innerhalb und außerhalb von kirchlichen Versammlungen?

h. Kannst du eigene Visionen und die anderer auslegen?

i. Weißt du, wie man jemanden in Wasser tauft? (Mt 28,19)

j. Weißt du, wie man einen Gläubigen zur Taufe durch den Heiligen Geist führt?

k. Kannst du klar verständlich erlären, was man tun muss, um gerettet zu werden?

l. Kannst du Menschen kluge Ratschläge erteilen, wenn sie Schwierigkeiten auf einem bestimmten Gebiet haben, wie z.B. Beziehungen, Charakter, Gesundheit, Arbeits- oder schulische Situation, Geldangelegenheiten oder Probleme in ihrer Beziehung zu Gott?

Wir alle können in diesem Bereich noch weit wachsen! Lass dich nicht entmutigen! Du musst begreifen, dass Gott deine Probleme benutzt, um dich zu schulen, sodass du in der Lage bist, anderen mit ähnlichen Problemen zu helfen.

> Zieh zuerst den Balken aus deinem Auge! Und dann wirst du klar sehen, um den Splitter aus deines Bruders Auge zu ziehen. — Mt 7,5 (NASB)

3. Üben

a. Reservierst du jeden Tag bestimmte Zeiten, um das Wort Gottes zu lesen und zu beten?

b. Bittest du Gott, dass Er zu dir auf verschiedene Weise spricht, und führst du ein Tagebuch darüber, was Er dir sagt?

c. Liest du Artikel und Bücher von klugen, gottesfürchtigen Führungspersonen? Siehst du dir deren Videos an oder hörst du dir ihre Audiobotschaften an?

d. Nutzt du Gelegenheiten, um Menschen bei Gemeindezusammenkünften zu dienen?

e. Betest du für deine Familienangehörigen, kümmerst du dich um ihre Nöte?

f. Beteiligst du dich an Straßeneinsätzen?

g. Bist du bei Missionsreisen mit dabei?

h. Rechnest du mit „Terminen von Gott", um Menschen zu dienen, die dir über den Weg laufen?

4. Zuversicht

   a. In welchen Wirkungsbereichen fühlst du dich *am meisten* zuversichtlich? Vielleicht sind das die Gebiete, auf denen du für andere Gläubige ein Leiter oder Wegweiser sein kannst.

   b. In welchen Wirkungsbereichen fühlst du dich *am wenigsten* zuversichtlich? Vielleicht möchtest du auf diesen Gebieten noch mehr lernen und Praxiserfahrung sammeln.

5. Einsatzbereitschaft

   a. Wie schnell kannst du deine Pläne ändern, um

   • nach Gottes Willen zu fragen?

   • Fähigkeiten zu erlernen oder zu praktizieren, die man für den Dienst braucht?

   • jemandem zu dienen, der verzweifelt etwas benötigt?

# KAPITEL 7
# DIENST NACH VORBILD

## Unser größtes Vorbild

Ihr aber habt Christus nicht so kennengelernt; wenn ihr wirklich auf Ihn gehört habt und in Ihm gelehrt worden seid — wie es auch Wahrheit ist in Jesus — Eph 4,20–21 (SLT)

Ganz einfach gesagt, Jesus ist das größte Vorbild, wenn es um unseren Dienst geht. Tatsächlich hieß eine der ersten Anweisungen, die Jesus gab, *„Folgt Mir nach,* und Ich will euch zu Menschenfischern machen" in Mt 4,19 (SLT).

Sein vorbildhafter Dienst setzte sich im Wirken der Jünger fort, wie es ausführlich in der Apostelgeschichte und in den Sendschreiben geschildert wird. Wie der Apostel Paulus sagte: *„Folgt meinem Beispiel wie ich dem Beispiel Christi!"* (1 Kor 11,1 LUT)

Wir müssen danach streben, Gottes *Wege* zu verstehen, nicht nur Sein Handeln.

Er hat Seine *Wege* Mose wissen lassen, die Kinder Israel Sein *Tun.* — Ps 103,7 (LUT)

Wir müssen begreifen, *wie* Gott wirkt, nicht nur, *was* Er tut, damit wir wirklich mit Ihm an einem Strang ziehen können.

## Im Mittelpunkt:
## Was die Menschen brauchen

Die ersten dokumentierten Worte, die Jesus sprach, nachdem Er in der Wüste versucht worden war, bilden womöglich eine entscheidende Aussage über den Schwerpunkt Seines Wirkens:

> Am nächsten Tag stand Johannes abermals da und zwei seiner Jünger; und als er Jesus vorübergehen sah, sprach er: Siehe, das ist Gottes Lamm! Und die zwei Jünger hörten ihn reden und folgten Jesus nach. Jesus aber wandte sich um und sah sie nachfolgen und sprach zu ihnen: *Was sucht ihr? [Und was wünscht ihr euch?]*—Joh 1,35–40 (LUT)

Auf den ersten Blick ist es schwierig, in den Begegnungen zwischen Jesus und den Menschen, denen Er diente, ein Muster zu erkennen. Es scheint, als wäre jedes Zusammentreffen anders und einzigartig, ohne ein praktisches Rezept, das wir einfach nachmachen könnten, doch eines hatten alle Begegnungen mit Jesus gemeinsam: *Jesus holte die Menschen immer dort ab, wo ihre Not am größten war.*

Durch Ihn bekam jede Begegnung für Sein Gegenüber eine persönliche Bedeutung, weil Er genau die Nöte und Wünsche ansprach, die jede der Personen an diesem Punkt ihres Lebens hatte.

Viele evangelistische Ansätze bestärken uns darin, jedes Gespräch dahingehend zu steuern, dass es am Ende um die Errettung geht, doch das Heil ist vielleicht nicht das, was *diese Person* als ihr dringlichstes Problem *ansieht*. Es ist schwieriger, jemanden davon zu überzeugen, dass er Erlösung braucht, wenn derjenige z.B. nicht weiß, woher er seine nächste Mahlzeit bekommt.

Wenn wir weiter auf dem Thema Errettung beharren und denjenigen sogar dazu bringen, das „Gebet des Sünders" zu sprechen, dann wendet er sich, sobald wir gegangen sind, wieder dem zu, was er am dringlichsten benötigt. Die Beziehung zu Jesus wird verworfen und aus seinem Leben ausrangiert, so wie du unnützes Gerümpel aus deinem Haus entsorgen würdest.

> Stellt euch vor, jemand von euren Brüdern oder Schwestern hat nicht genug anzuziehen und zu essen. Und dann sagt einer von euch zu ihnen: "Lasst es euch gut gehen! Hoffentlich könnt ihr euch warm anziehen und habt genug zu essen!", aber er gibt ihnen nicht, was sie zum Leben brauchen. *Was nützt ihnen das?* — Jak 2,15–16 (NeÜ)

Wenn ich an Situationen an meinem Arbeitsplatz zurückdenke, als ich Menschen hin zu einer Heilserfahrung führen konnte, dann passierte jede Errettung deshalb, weil die Personen über wirkliche Bedürfnisse gesprochen hatten und ich ihnen zeigen konnte, was Gott bereits getan hatte, um diese Sehnsucht zu stillen.

Als sich eine Frau einsam und von ihren Freunden verraten fühlte, sagte ich ihr, dass Jesus ein Freund ist, der „fester zu dir hält als ein Bruder", dessen Liebe zu uns niemals schwankt.

Als sich andere unsicher fühlten und nach Beistand sehnten, erzählte ich ihnen von dem Schutz, den Gott uns bietet, als unser Schild, unsere Burg, unser Erlöser.

Als ein anderer davon sprach, er würde Stabilität und Sicherheit brauchen, beschrieb ich ihm Jesus, der verspricht, uns nie zu verlassen oder von uns zu weichen.

Wenn ich zurückdenke an die fünfzehn Menschen in meinem Arbeitsumfeld, die ich zum Heil führen konnte, dann stelle ich fest, dass ich auf keinen von ihnen mit einer Botschaft über Errettung zugegangen bin. Ich war überhaupt nicht auf sie zugegangen! Ich hatte einfach nur darauf reagiert, wenn jemand davon sprach, was er wirklich brauchte. Wenn ich dann erzählte, was Jesus bereits dafür getan hatte, um eben diese Sehnsucht zu stillen, war der Weg hin zur Erlösung ganz leicht. Es ergab sich wie von selbst. Nie musste ich die Botschaft vom Heil aggressiv verkaufen. Das war nicht notwendig. Wenn die Menschen sahen, dass Gott tatsächlich die Antworten hatte, um ihre Bedürfnisse zu erfüllen, nahmen sie Ihn bereitwillig an.

## Verhalten signalisiert Bedürfnisse

Manchmal ist es offensichtlich, was jemand benötigt. Andere Bedürfnisse wiederum sind schwieriger zu erkennen. Oft lässt das Verhalten eines Menschen darauf schließen, was jemand in seinem Leben braucht, dennoch kann es immer noch eine Herausforderung sein, dieses Signal richtig zu deuten und eine Verbindung zu dem herzustellen, was derjenige benötigt.

Unangemessenes Verhalten verdeckt ein tiefer liegendes Bedürfnis. Das unangebrachte Verhalten könnte ein Hilferuf sein.

Verhaltensexperten sagen, dass jemand, der sich unrecht oder unangemessen benimmt, egal er damit böse oder gar kriminelle Absichten verfolgt, dieses Verhalten nur deshalb an den Tag legt, weil er damit versucht, ein Bedürfnis zu befriedigen. Auf dem Weg, um dieses Ziel zu erreichen, hat er dann eine falsche Entscheidung getroffen (Shah, 2013).

Die Nöte eines Menschen treiben ihn zum Handeln, damit eben diese Bedürfnisse befriedigt werden. Wenn jemand nicht zu Jesus findet, dann wendet er sich womöglich anderen Dingen zu, die temporär als Ersatz herhalten, jedoch keine wirkliche Befriedigung bieten, wie zum Beispiel die Unterhaltungsmedien, Drogen und Alkohol, Geld, Karriere, Frustessen, Religion oder unmoralische Beziehungen.

## Der andere steht im Mittelpunkt

Immer wenn Jesus anderen Menschen begegnete, ging es um *sie* und darum, wo sie gerade standen, es ging nicht um Ihn. „Was suchst *du*? [Und was wünschst *du* dir?]" Anstatt bei jeder Begegnung eigene Ziele zu verfolgen, passte Er die Gespräche massgeschneidert auf Sein Gegenüber, dessen Bedürfnisse und Wünsche an.

> Und Jesus antwortete ihm und sprach: *„Was willst du, dass ich dir tun soll?"* Der Blinde aber sprach zu Ihm: „Rabbuni, dass ich sehend werde." — Mk 10,51 (ELB)

In diesem Augenblick wurde Er ihr bester Freund, ihre Ziele wurden zu Seinen eigenen, Er ging neben ihnen her, um ihnen dabei zu helfen, genau das zu erreichen, was sie wirklich brauchten und wonach sie sich zutiefst sehnten.

> Jeder achte nicht nur auf das eigene Wohl, sondern auch auf das der anderen. — Phil 2,4 (EU)

> Einer trage des anderen Last; so werdet ihr das Gesetz Christi erfüllen. — Gal 6,2 (EU)

# Planlos

Gleichermaßen müssen wir aufpassen, dass wir nicht eine eigene vorgefertigte Agenda haben, wenn wir mit Menschen zusammenkommen.

Mit der Gemeinde haben wir in der ganzen Stadt falsch herum evangelisiert. Wir hatten unsere Methode, wie man evangelisieren sollte, und wir hatten versucht, sie der Stadt überzustülpen, so als wäre das, was wir anzubieten hatten, auf deren Situation zugeschnitten, und damit verlangten wir von der Stadt, dass sie dem entsprach, was wir zu bieten hatten, anstatt herauszufinden, was sie brauchte und danach unsere Evangelisation so zu planen, dass sie diesen Bedürfnissen entgegenkam.

Ein besseres Modell würde so aussehen:

1. Baut Beziehungen auf.

2. Findet heraus, was die Menschen benötigen, was ihnen gut tun würde.

3. *Erst dann* entwerft ihr die Evangelisation, die zu diesen Bedürfnissen passt.

Zwei wesentliche Motivationen können uns in unserem Umgang mit Menschen leiten: Entweder wir lieben oder wir benutzen sie. Menschen können intuitiv erkennen, welche Motivation uns antreibt.

Wenn wir ein Gespräch mit einer Agenda angehen und versuchen, jemanden in eine bestimmte Richtung zu lenken, wie ein Verkäufer, der sich bemüht, ein Geschäft abzuschließen, dann werden die Menschen spüren, dass wir sie nicht wirklich lieben.

Sie werden merken, dass wir sie nur für unsere Zwecke benutzen, und sie werden sich dagegen zur Wehr setzen und eine Verteidigungsmauer gegen unsere egoistischen Pläne errichten. Sie werden sich abwenden und zurückziehen, ihre Verteidigung noch verstärken und womöglich zum Gegenangriff übergehen, so wie eine Armee, die sich gegen einen unwillkommenen Eindringling auf ihrem Gebiet verteidigt.

## Selbstlose Liebe

Jesus ging anders an die Sache heran. Seine Motivation war nicht selbstsüchtig. Er hatte keine eigennützige Agenda. Der Apostel Paulus gibt Jesu selbstlose Motive wie folgt wieder:

> Ich aber will sehr gerne Opfer bringen und geopfert werden für eure Seelen, *sollte ich auch, je mehr ich euch liebe, desto weniger geliebt werden*. Doch sei es so, dass ich euch nicht belästigt habe … Habe ich euch etwa übervorteilt durch irgend jemand von denen, die ich zu euch sandte? Ich habe den Titus gebeten und mit ihm den Bruder gesandt; hat etwa Titus euch übervorteilt? Sind wir nicht in demselben Geist gewandelt? Nicht in denselben Fußstapfen? … und das alles, *Geliebte, zu eurer Erbauung.* — 2 Kor 12,15–19 (SLT)

Die Menschen spürten, dass Jesu Motivation nichts anderes war als selbstlose Liebe, die Er für sie empfand, und sie spürten, dass Er bereit war, ihre größte Not zu lindern und ihre tiefsten Sehnsüchte zu stillen; und darauf reagierten sie, indem sie sich Ihm gegenüber öffneten und Ihm die Nöte entgegenschrien, die sie plagten. Sie fühlten sich von der Liebe, die Er erkennen ließ, so angezogen, dass Ihm Hunderte und Tausende nachfolgten, wohin Er auch ging.

## Menschen zu Jesus ziehen

In Joh 6,26 stellt Jesus klar, dass es *nicht* die Wunder sind, aufgrund derer Menschen zu Jüngern werden. Die Menschen suchen nach etwas, das ihr Verlangen stillt.

> Jesus antwortete ihnen und sprach: Wahrlich, wahrlich, Ich sage euch: Ihr sucht Mich, nicht weil ihr Zeichen gesehen, sondern *weil ihr von den Broten gegessen habt und gesättigt worden seid.* — Joh 6,26 (ELB)

Viel zu oft konzentrieren wir uns in unseren evangelistischen Bemühungen nur darauf, Menschen zum Heil zu führen, und ignorieren dabei, zumindest vorübergehend, jegliche anderen Bedürfnisse unseres Gegenübers, egal wie dringlich diese womöglich sind. „Schließlich", so argumentieren wir, „gibt es nichts Wichtigeres als ewige Errettung".

Was wir dabei nicht begriffen haben, ist, dass Menschen, wenn ihre Bedürfnisse wirklich befriedigt werden, sich automatisch von der Quelle angezogen fühlen, die ihnen die Antworten auf die Nöte in ihrem Leben liefert.

Wir werden erleben, wie überaus wirkungsvoll unsere Evangelisationsbemühungen sind, wenn wir gezielt auf die Menschen, denen wir tagtäglich begegnen, zugehen, in der Liebe und Kraft Jesu Christi, *um deren Verlangen zu stillen.*

## Was Gott wichtig ist

Wenn du aus einer evangelikalen Kirchgemeinde kommst, dann hat man dir vielleicht beigebracht, dass du, wenn du eines Tages vor dem Herrn stehst, Rechenschaft ablegen musst für jede Begebenheit, bei der du jemandem nicht vom Evangelium erzählt hast, wenn du die Gelegenheit dazu gehabt hättest.

Jesus sagt uns jedoch in Mt 25,34-40 sehr deutlich, wofür Er uns zur Rechenschaft ziehen wird. Achte darauf, was Er bei Seinen Kriterien hervorhebt:

> Dann wird der König zu denen zu seiner Rechten sagen: Kommt her, Gesegnete Meines Vaters [ihr, die ihr Gunst bei Gott erlangt habt und zu ewigem Heil bestimmt seid], erbt das Reich (nehmt es als das eure an), das euch bereitet ist von Grundlegung der Welt an!
>
> Denn Mich hungerte, und ihr gabt Mir zu essen; Mich dürstete, und ihr gabt Mir zu trinken; Ich war Fremdling, und ihr nahmt Mich auf; nackt, und ihr bekleidetet Mich; Ich war krank, und ihr besuchtet Mich; Ich war im Gefängnis, und ihr kamt zu Mir.
>
> Dann werden die Gerechten Ihm antworten und sagen: Herr, wann sahen wir Dich hungrig und speisten Dich? Oder durstig und gaben dir zu trinken? Wann aber sahen wir Dich als Fremdling und nahmen Dich auf? Oder nackt und bekleideten Dich? Wann aber sahen wir Dich krank oder im Gefängnis und kamen zu Dir?
>
> Und der König wird antworten und zu ihnen sagen: Wahrlich, Ich sage euch, was ihr einem dieser Meiner geringsten Brüder getan habt, habt ihr Mir getan. — Mt 25,34-40 (ELB)

Nirgendwo in diesem Text wird „Zeugnisgeben" (vom rettenden Evangelium erzählen) als Kriterium erwähnt. Natürlich will ich damit nicht sagen, dass wir die Verkündigung des Evangeliums vernachlässigen sollten, aber wenn wir das Evangelium predigen, ohne die Liebe und Kraft Jesu zu zeigen, um den Menschen in ihrer Not zu helfen, dann präsentieren wir ihnen ein unvollständiges Evangelium.

Als Bob Jones 1975 eine Nahtoderfahrung hatte, beobachtete er, wie der Herr Jesus selbst an der Himmelstür stand, um die Menschen zu empfangen, die gerade gestorben waren. Der Reihe nach begrüßte Jesus die Menschen und stellte ihnen nur eine einzige Frage. Er fragte nicht, vor wie vielen Menschen sie Zeugnis abgelegt hatten. Er fragte nicht, wie viel Geld sie der Kirche gespendet hatten. Er fragte nicht, ob sie regelmäßig zum Gottesdienst gekommen waren. Er stellte ihnen nur diese eine Frage: „Hast du gelernt zu lieben?" (Jones & Warner).

Online kann man sich anhören, wie Bob Jones diese Geschichte mit seinen eigenen Worten erzählt. Auf YouTube gibt es mehrere Videos, in denen Bob selbst auf Englisch von diesem Erlebnis berichtet. Gib einfach als Suchbegriffe „Bob Jones death experience" *(Nahtoderfahrung)* ein oder „Bob Jones Did you learn to love?" *(Hast du gelernt zu lieben?)*

## Nikodemus

Das Verlangen nach Erlösung ist das wichtigste Bedürfnis im Leben eines jeden Menschen. Doch Jesus, *der das besser als irgendjemand sonst wusste*, hat selten, oder eigentlich *nie*, ein Gespräch damit begonnen, dass Er zu jemandem sagte, er müsse errettet werden. Vielleicht sagst du jetzt „Halt, warte mal! Was ist denn mit Nikodemus in Joh 3? Jesus begann die Konservation mit den Worten ‚Wahrlich, wahrlich, Ich sage dir: Wenn jemand nicht von neuem geboren wird, kann er das Reich Gottes nicht sehen.'"

Das stimmt. Jesus begann diese Unterhaltung tatsächlich damit, dass Er von der Notwendigkeit sprach, von neuem geboren zu werden, doch das hier war eine theologische

Debatte mit einem hochrangigen jüdischen Gelehrten. Es scheint, als wollte Jesus mit diesem Gespräch Nikodemus' Wahrheitsbegriff erweitern, sodass er dieses Wissen innerhalb seines Einflussbereiches weitergeben konnte.

Wenn Jesus stattdessen versucht hat, Nikodemus hin zu einer persönlichen Bekehrung zu führen, dann scheint Er damit wohl gescheitert zu sein. Am Ende der Begegnung gehen die beiden Männer anscheinend getrennte Wege. Nirgends ist verzeichnet, dass Nikodemus Jesus nach dieser Begegnung als einer Seiner Jünger nachfolgte. Laut Joh 7,50 war Nikodemus wieder zurück bei den Pharisäern und „einer von ihnen". Es gibt keinerlei Beweis dafür, dass sich Nikodemus bekehrt hätte oder gar Jesus als Messias bezeugte, obgleich er mit Jesu Anliegen sympathisierte und sich gemeinsam mit Josef von Arimathäa nach Jesu Tod um dessen Leichnam kümmerte.

Für gewöhnlich ist es so, dass die Gemeinde bei Evangelisationen einen Plan hat, der forciert wird – nämlich Menschen zum Heil zu drängen. Dagegen kippt Jesus dieses Konzept völlig um und fragt stattdessen" „Was willst *du*? Was brauchst *du*? Wonach suchst *du*? Was sind *deine* Ziele?" Genau darauf müssen wir uns konzentrieren.

An dieser Stelle möchte ich dir empfehlen, dieses Buch jetzt beiseite zu legen und dir Kapitel 10 aus "Angels on Assignment" *(auf Deutsch erschienen unter dem Titel „Begegnungen mit Engeln")* von Roland Buck durchzulesen. Man kann das gesamte Buch online *(auf Englisch)* unter wwww.angelsonassignment.org lesen oder sich die gedruckte Ausgabe bei Amazon oder anderen Buchhändlern bestellen.

Roland Buck war Pastor in Boise, Idaho, und hat Außergewöhnliches erlebt, denn wiederholt besuchten ihn Engel Gottes. So wunderbar seine Engelserscheinungen auch waren, die Botschaft, die sie vom Herzen Gottes mitbrachten, ist viel viel kostbarer. Ich möchte dir wirklich ans Herz legen, das ganze Buch zu lesen, aber jetzt nimm dir, wenn möglich, die Zeit, Kapitel 10 zu lesen, „Wenn Gott ‚Dankeschön' sagt".

# Nachfolge üben:
## Sieh die Nöte ringsumher

Ziel: dass wir mehr auf die Bedürfnisse der Menschen um uns her achten und uns nunmehr darauf vorzubereiten, ihnen in ihrer Not zu helfen.

1. Schreibe ein paar Leute auf, mit denen du regelmäßig kommunizierst.

2. Schreibe neben jeden Namen mindestens eine ganz akute Not auf, die diese Person betrifft.

   a. Wenn du nicht weißt, was jemand benötigt, dann sieh das als Signal dafür an, dass du dir Zeit nehmen musst, die richtigen Fragen zu stellen, zuzuhören und mehr darüber zu erfahren, was gerade im Leben desjenigen Menschen vor sich geht.

3. Wähle eine Person und eine Sache aus, die der- oder diejenige benötigt, und setze dich verbindlich dafür ein, dass diesem Menschen geholfen wird. So wirst du Christi Gebot erfüllen:

Dies ist Mein Gebot, dass ihr einander liebt, wie Ich euch geliebt habe. Größere Liebe hat niemand als die, dass er sein Leben hingibt für seine Freunde. — Joh 15, 12–13 (ELB)

Vielleicht musst du dir mehr Wissen oder Fähigkeiten aneignen, um der Person dabei zu helfen, dass deren Bedürfnis erfüllt wird. Du wirst erkennen, dass du, wenn du dich darauf einstellst, *einem* Menschen einen wirkungsvollen Dienst zu erweisen, gleichzeitig darauf vorbereitet wirst, *vielen anderen* zu helfen, die ähnliche Bedürfnisse haben. So wirst du Wachstum erleben und mehr „Werkzeuge" für deinen „Werkzeuggürtel" erhalten.

# KAPITEL 8
## IM FOKUS – DER MENSCH

## Was Gott wichtig ist

Der Engel ließ Roland Buck wissen, dass wir, wenn wir erkennen wollen, wofür Gott sich wirklich interessiert, etwas darüber bei Jesaja in Kap 58 finden können:

> Ist nicht vielmehr das ein Fasten, an dem Ich Gefallen habe: Ungerechte Fesseln zu lösen, die Knoten des Joches zu öffnen, gewalttätig Behandelte als Freie zu entlassen und dass ihr jedes [euch versklavende] Joch zerbrecht?

> Besteht es nicht darin, dein Brot dem Hungrigen zu brechen und dass du heimatlose Elende ins Haus führst? Wenn du einen Nackten siehst, dass du ihn bedeckst und dass du dich deinem Nächsten [und dessen Nöten] nicht entziehst?

> Dann wird dein Licht hervorbrechen wie die Morgenröte, und deine Heilung (deine Wiederherstellung und neue Lebenskraft) wird schnell sprossen. Deine Gerechtigkeit (das Richtige, das Rechte und deine aufrechte Beziehung zu Gott) wird vor dir herziehen [und dich zu Frieden und

Wohlstand geleiten], die Herrlichkeit des HERRN wird deine Nachhut sein.

Dann wirst du rufen, und der HERR wird antworten. Du wirst um Hilfe schreien, und Er wird sagen: Hier bin Ich! Wenn du aus deiner Mitte fortschaffst das Joch (der Unterdrückung, wo immer es dir begegnet), das Fingerausstrecken [gegen die Unterdrückten und die Gottesfürchtigen] und böses Reden

und wenn du dem Hungrigen dein Brot darreichst und die gebeugte Seele sättigst, dann wird dein Licht aufgehen in der Finsternis, und dein Dunkel wird sein wie der Mittag.

Und beständig wird der HERR dich leiten, und Er wird deine Seele sättigen an Orten der Dürre und deine Gebeine stärken. Dann wirst du sein wie ein bewässerter Garten und wie ein Wasserquell, dessen Wasser nicht versiegt.

Und die von dir kommen, werden die uralten Trümmerstätten aufbauen; die Grundmauern vergangener Generationen [Gebäude, die in Schutt und Asche lagen] wirst du aufrichten. Und du wirst genannt werden: Vermaurer von Breschen, Wiederhersteller von Straßen zum Wohnen. — Jes 58,6–12 (ELB)

## Im Mittelpunkt: Was die Menschen brauchen

So viele Dinge, für die wir uns im Leben – und in unserem Dienst für Gott – einsetzen, sind nur wenig oder gar nichts wert. Menschen sind etwas wert. Der Mensch zählt. Der Wert des Menschen überdauert — er ist so hoch, dass Jesus bereit war, den ultimativen Preis dafür zu zahlen.

Wenn wir uns dafür einsetzen, den Menschen in ihren Nöten zu helfen, *dann* erkennt Gott unser Leben und unseren Dienst für Ihn an und belohnt uns.

> Stellt euch vor, jemand von euren Brüdern oder Schwestern hat nicht genug anzuziehen und zu essen. Und dann sagt einer von euch zu ihnen: "Lasst es euch gut gehen! Hoffentlich könnt ihr euch warm anziehen und habt genug zu essen!", aber er gibt ihnen nicht, was sie zum Leben brauchen. Was nützt ihnen das? — Jak 2,15–16 (NeÜ)

Gott hielt Hiob für einen „untadeligen Mann" (Hi 1,8). Und so beschrieb Hiob selbst sein Leben und seinen Einsatz für Gott:

> Jeder, der mich hörte, wusste nur Gutes von mir zu sagen, und wer mich sah, der lobte mich. Denn ich rettete den Armen, der um Hilfe schrie, und das Waisenkind, das von allen verlassen war. Dem Sterbenden stand ich bei, er wünschte mir Segen; der Witwe half ich, und sie konnte wieder fröhlich singen. Ich bekleidete mich mit Gerechtigkeit, hüllte mich ins Recht wie in einen Mantel, trug es wie einen Turban. Meine Augen sahen für den Blinden, meine Füße gingen für den Lahmen. Den Armen wurde ich ein Vater, und den Streitfall eines Unbekannten prüfte ich genau. Einem brutalen Menschen stellte ich mich entgegen, ich schlug ihm den Kiefer ein und riss die hilflosen Opfer aus seinem Maul. — Hi 29,11–17 (HFA)

Als Jesus begann, in der Öffentlichkeit aufzutreten, gab Er Seine eigene „Missionserklärung" ab:

> Der Geist des Herrn ist auf Mir, weil er Mich gesalbt hat, den Armen frohe Botschaft zu verkünden; er hat Mich

gesandt, zu heilen, die zerbrochenen Herzens sind, Gefangenen Befreiung zu verkünden und den Blinden, dass sie wieder sehend werden, Zerschlagene in Freiheit zu setzen, um zu verkündigen das angenehme Jahr des Herrn.
— Lk 4,18–19 (SLT)

Eines hatten alle Begegnungen mit Jesus gemeinsam. *Jesus holte die Menschen immer dort ab, wo ihre Not am größten war.* Zu Andreas sprach Er:

„Was suchst du? [Und was wünschst du dir?]" — Joh 1,35–40

## Heidi und Rolland Baker

Heidi und Rolland Baker von Iris Ministries haben sich diese Vorgehensweise zu Eigen gemacht. Sie helfen den Menschen, mit denen sie in Kontakt kommen, und das tun sie auf vielfältige Weise. Dass eben dieser Ansatz bei ihnen im Mittelpunkt steht, heben sie immer wieder hervor, wenn sie sagen „Bleib für einen Menschen stehen", „Liebe den einen Menschen" oder „Liebe einfach den, der vor dir steht" (Velu, 2004).

Heidi und Rolland Baker sind von all den Menschen, die ich kenne, das beste lebende Beispiel für solche, die „die Werke Jesu tun". Der englischsprachige Film „Mama Heidi" nimmt einen mit in ihr Leben und ihre Arbeit. Er zeigt, dass es ihnen darum geht, den Menschen zu helfen, die um sie herum sind. Sie machen es richtig. Wenn sie etwas tun, dann nicht mit einer vorgefertigten Agenda. Sie gehen dorthin, wo die Menschen sind, stellen fest, was sie benötigen, und dann tun sie alles, was in ihrer Macht steht, um zu helfen. Manchmal sind es geistliche Bedürfnisse, die meiste Zeit scheinen sie jedoch damit zu verbringen, Abhilfe von physischer und emotionaler Not zu schaffen. Sie finden Lösungen für Mängel im Gesundheits- und Bildungswesen, bei der Nahrungs- und Trinkwasserversorgung, wenn es um Unterkunft, Familie oder Bekleidung geht, und sie erzählen den Menschen von der frohen Botschaft des Heils durch Christus. Sie bieten ihre liebende Hilfe an – in welcher Form auch immer.

Derzeit ist der Film nur auf Englisch erhältlich, aber falls du die Möglichkeit hast, ihn dir anzusehen, dann wirst du erkennen, wie man auf mannigfaltige Weise echte Liebe demonstriert.

- Fünfhundert Menschen fanden bei ihnen Unterkunft, in ihrem Privathaus leben sie gemeinsam mit acht Jungs.

- Sie ließen sich auf ein sehr gewagtes Unterfangen ein, im Vertrauen auf Gott, und sie denken nicht zuerst an sich selbst.

- Sie gingen zu den Ungeliebten, den Ausgestoßenen, zu denen, die sich nicht selbst helfen können.

- Sie machen sich *aktiv auf die Suche* nach Menschen in Not und warten nicht darauf, dass sie zu ihnen kommen.

- Jeden Tag investieren sie ihre Zeit in andere Menschen.

- Sie behandeln jeden Menschen wie ein wertvolles Individuum. Sie achten auf die Bedürfnisse des Einzelnen. Wenn neue Menschen bei ihnen einziehen, dann duschen sie im privaten Wohnhaus der Bakers.

- Sie nehmen sich Zeit, um jeden Einzelnen kennenzulernen und Einzelheiten aus dessen Leben zu erfahren.

- Sie erkennen das Potenzial in jedem Menschen.

- *Zuerst* zeigen sie den Menschen Gottes Liebe, und erst später erklären sie ihnen das Evangelium.

- Die Mitarbeiter sind „überlastet", weil die Not so groß ist.

- Weil sie sich getreu hauptsächlich um die Bedürfnisse einzelner Menschen kümmern, hat Gott ihre Arbeit honoriert und ihren Einfluss auf der ganzen Welt ausgeweitet.

- Sie begannen mit einem Gebäude, das keiner haben wollte – „von der übelsten Sorte".

- Sie erdulden Strapazen, Diebstahl, Erschöpfung, Verfolgung und Einmischung von Seiten der Landesregierungen.

- Heidi wird „Mama" gerufen, und selbst Menschen, die nicht mit ihrer Arbeit in Berührung kommen, sehen ihr ihr eine Art Mutterersatz.

- Sie glauben, dass Jesus ihnen persönlich etwas verheißen hat: „Ich bin gestorben, damit jederzeit genug da ist." Und so weisen sie niemals ein Kind in Not ab.

- Ihr Dienst gilt dem „ganzen Menschen" — sie kümmern sich um das, was der Einzelne benötigt.

- Sie gehen dorthin, wo andere Missionare nicht hin wollen. Sie haben „Ja" gesagt, als andere Diener Gottes auf diesen Ruf mit „Nein" antworteten.

- Ihr Dienst bringt überreiche Frucht hervor, denn die Geretteten fangen an, andere zu retten.

- Sie wollen das Beste für die Menschen, denen sie dienen.

- Täglich vertrauen sie Gott, dass Er sie mit dem Nötigsten versorgt.

- Sie freuen sich, wenn sie sehen, wie andere sich positiv entwickeln, nachdem man sie von der Straße geholt hat.

- Was wäre aus diesen Menschen geworden, wenn Heidi und Rolland nicht zu ihnen gegangen wären?

  Im Film sagen Heidi und Rolland Folgendes:

- „Die Geschichte unseres Lebens bestand immer aus Geben."

- „Liebe einfach den, der vor dir steht."

- „Wenn du sagst, dass du Gott liebst, dann wirst du den Menschen lieben, der vor dir steht."

- „Wenn man nach und nach Menschen verändert, werden ganze Nationen verändert."

Dann wird der König zu denen zu seiner Rechten sagen: Kommt her, Gesegnete Meines Vaters, erbt das Reich, das euch bereitet ist von Grundlegung der Welt an!

Denn Mich hungerte, und ihr gabt Mir zu essen; Mich dürstete, und ihr gabt Mir zu trinken; Ich war Fremdling, und ihr nahmt Mich auf; nackt, und ihr bekleidetet Mich; Ich war krank, und ihr besuchtet Mich; Ich war im Gefängnis, und ihr kamt zu Mir.

Dann werden die Gerechten Ihm antworten und sagen: Herr, wann sahen wir Dich hungrig und speisten Dich? Oder durstig und gaben dir zu trinken? Wann aber sahen wir Dich als Fremdling und nahmen Dich auf? Oder nackt und bekleideten Dich? Wann aber sahen wir Dich krank oder im Gefängnis und kamen zu Dir?

Und der König wird antworten und zu ihnen sagen: Wahrlich, Ich sage euch, was ihr einem dieser Meiner geringsten Brüder getan habt, habt ihr Mir getan. – Mt 25,34-40 (ELB)

# KAPITEL 9
## TÄTER SEIN, NICHT BLOß HÖRER

Seid aber Täter des Wortes und nicht bloß Hörer, die sich selbst betrügen. — Jak 1,22 (SLT)

Stellt euch vor, jemand von euren Brüdern oder Schwestern hat nicht genug anzuziehen und zu essen. Und dann sagt einer von euch zu ihnen: „Lasst es euch gut gehen! Hoffentlich könnt ihr euch warm anziehen und habt genug zu essen!", aber er gibt ihnen nicht, was sie zum Leben brauchen. *Was nützt ihnen das?* — Jak 2,15–16 (NeÜ)

Als es ihnen schlecht ging, zog ich Trauerkleidung an, fastete aus echtem Mitgefühl und betete mit tief gesenktem Kopf. Ich nahm Anteil, als ginge es um einen Freund oder Bruder. Tief gebeugt ging ich umher wie in Trauer um die eigene Mutter. — Ps 35,13–14 (NGÜ)

# Nachfolge üben:
# Mach aus deiner Gebetsliste eine Sorgenliste

Zielstellung: aufmerksamer auf die Nöte anderer achten und uns darauf konzentrieren, ihnen zu helfen

Allzu oft kommt es vor, dass wir, wenn wir Menschen auf unsere „Gebetsliste" setzen, uns *nur* darauf beschränken, für sie zu beten. Wenn wir aus unserer Gebetsliste eine „Sorgenliste" machen, dann können wir anderen Menschen in ihrer Not wahrscheinlich eher helfen.

• Mach es dir zum Ziel, keinen auf deine Liste mit Gebetsanliegen zu setzen, wenn du nicht bereit bist, dich persönlich mit dafür einzusetzen, dass demjenigen in seiner Not geholfen wird, wenn es möglich und angebracht ist.

• Wenn du einwilligst, jemanden auf deine Gebetsliste zu setzen, dann sieh es als persönliche Verpflichtung, demjenigen in dieser Situation beizustehen, bis das Gebet erhört worden ist. Vielleicht ist das nicht immer möglich oder praktikabel, aber wenn das unser Ziel ist, dann sind wir viel näher dran, „des anderen Last zu tragen und so das Gesetz Christi zu erfüllen" (Gal 6,2).

• Wenn wir bereit sind, uns dafür einzusetzen, dass denen in ihrer Not geholfen wird, für die wir beten, dann erwächst in uns daraus nach und nach echte Liebe für diese Menschen:

Denn wo euer Schatz ist, da wird auch euer Herz sein. — Lk 12,34 (ELB)

# Nachfolge üben:
## Bete mit für andere, wenn du für dich selbst betest

Ziel: die Haltung eines Dieners einnehmen und anderen echte
   Liebe dadurch zeigen, dass wir für ihre Nöte beten, als ob es
   unsere eigenen wären.

Wenn du für dich selbst betest und Gott darum bittest, *dich*
auf verschiedentliche Weise zu segnen, dann denke an andere
Menschen in deinem Leben, die einen Nutzen aus eben diesen
Segnungen ziehen könnten. Bete darum, dass Gott *sie* auf
dieselbe Weise segnet, wie du es von Gott für *dich* erbittest.
Schließe sie in deine Gebete mit ein, wenn du für dich selbst
betest.

(Wenn du betest, Gott möge *deine Feinde* segnen, kann dir
das tatsächlich helfen, bittere Gefühle ihnen gegenüber zu
überwinden!)

Wenn du zum Beispiel das Vaterunser sprichst, könntest du
in etwa so beten:

"Unser Vater im Himmel, geheiligt werde Dein Name. Dein
Königreich komme. Dein Wille geschehe, wie im Himmel, so
auf Erden. *Ich bitte für mich, für meine Familie und ganz
besonders für Eric und Stacy, die es in letzter Zeit wirklich
schwer hatten,* gib uns heute unser tägliches Brot..."

Denkt nicht nur an eure eigenen Angelegenheiten, sondern
interessiert euch auch für die anderen und für das, was sie
tun. — Phil 2,4 (NLB)

Du sollst deinen Nächsten lieben *wie dich selbst.* — Mk
12,31 (ELB)

*Als Hiob für seine Freunde betete*, da wendete der Herr für ihn alles zum Guten. Er gab ihm doppelt so viel, wie er früher besessen hatte. — Hi 42,10 (HFA)

„Darum bekennt einander eure Sünden und *betet füreinander, damit ihr geheilt werdet."* — Jak 5,16 (NGÜ)

## Beziehungspflege

Gelegenheiten, um Gott zu dienen, ergeben sich oft, wenn es um Beziehungen geht. Gegenüber einem Fremden wird kaum jemand tiefgreifende persönliche Probleme offenbaren.

Vielleicht dauert es Jahre, ehe ein Freund oder eine Freundin sich wohl dabei fühlt, dir einige seiner oder ihrer tief verwurzelten Nöte anzuvertrauen. Deshalb ist es unbedingt notwendig, in der Beziehung offen zu bleiben. Pflege und stärke die Beziehung. Vielleicht versucht er oder sie sogar, dich wegzustoßen, aber in manchen Fällen musst du womöglich dieselbe Haltung einnehmen wie Rut, als Noomi sie loswerden wollte:

Der Herr soll mich strafen, wenn ich zulasse, dass irgendetwas anderes als der Tod uns trennt! — Rut 1,17b (NeÜ)

Das heißt nicht, dass du aus Menschen Projekte machen sollst. Am effektivsten bist du, wenn du keinen Plan hast, sondern eine Beziehung. Sei einfach da! Vertrauen die Menschen darauf, dass du immer für sie da bist, wenn sie etwas brauchen, werden sie dir viel eher etwas von ihren wirklichen Problemen erzählen. Dann wirst du da sein und ihnen sagen, was Gott dazu meint, wenn die Zeit reif dafür ist.

## Einen Schritt weiter

Geh noch einen Schritt weiter. Suche ganz bewusst nach Möglichkeiten, um *mehr als nur das zu tun*, was man von dir erwartet, wenn du Menschen mit Liebe begegnen willst. Schreib' ein paar Zeilen. Schick' eine Karte, nicht nur zum Geburtstag. Verbringe Zeit mit ihnen. Sei für sie da. Ruf sie an. Sag ihnen, was du an ihnen toll findest. Schenk' ihnen ein Buch und schreib' ein paar aufmunternde Worte als Widmung für sie rein. Schick' ihnen Blumen. Lass sie wissen, dass du an sie denkst und für sie betest. Erinnere sie an schöne gemeinsame Erlebnisse.

## Grenzen setzen

Manchmal kann es vorkommen, dass die Menschen um dich her versuchen, deine Freundlichkeit auszunutzen, wenn du mehr Anteil an ihrem Leben nimmst. Vielleicht gibt es dann Situationen, in denen du das Gefühl hast, dass Menschen dich ausnutzen, um ihre eigenen Ziele zu verfolgen. Wenn diese Situationen zu einer Bedrohung werden und dich daran hindern, deiner Verantwortung gegenüber Gott, dir selbst und anderen nachzukommen, dann musst du womöglich feste Grenzen setzen, um dich davor zu schützen, dass jemand dich benutzt oder ausnutzt. Wenn andere sich keine angemessenen Grenzen im Umgang mit dir setzen, dann musst du das vielleicht für sie tun.

Beispielsweise ist einer der Orte, an denen ich am liebsten mit Menschen über Gott ins Gespräch komme, der Bahnhof. Wenn mich jedoch andere Christen begleiten, dann rate ich ihnen, kein Geld mitzunehmen. Wenn jemand am Bahnhof also um Almosen bittet, ist es leichter, das Gespräch auf die tatsächlichen Bedürfnisse der Person zu lenken. Petrus hat dies bei dem Mann an der Schönen Pforte des Tempels demonstriert:

> Petrus aber sprach: „Silber und Gold habe ich nicht; was ich aber habe, das gebe ich dir: Im Namen Jesu Christi von Nazareth steh auf und geh umher!" – Apg 3,6 (LUT)

Dem Mann Geld zu geben, hätte seine Lage mit Sicherheit nicht verbessert. Dass Petrus ihn von seinem Dasein als Krüppel heilte, zielte auf seine wahre Not und veränderte sein Leben für immer.

Jesus musste sich und Sein Tun ständig davor schützen, dass jemand Ihn vom Weg abbringen wollte, bewusst oder unbewusst.

> Jesus aber vertraute sich ihnen nicht an, denn Er kannte sie alle und brauchte von keinem ein Zeugnis über den Menschen; denn Er wusste, was im Menschen ist. — Joh 2,24–25 (EU)

Nehemia erkannte auch schnell, wenn jemand versuchte, ihn von seinem wahren Auftrag abzubringen, und er wehrte sich dagegen:

> Da sandte ich Boten zu ihnen und ließ ihnen sagen: „Ich habe ein großes Werk zu verrichten, darum kann ich nicht hinabkommen. Warum sollte das Werk stillstehen, wenn ich es ruhen lasse und zu euch hinabkomme?" — Neh 6,3 (SLT)

## Kein offenes Ohr für Jesus

Viele Menschen sind nicht offen für ein Gespräch über Jesus. Vielleicht sind es Atheisten, Agnostiker, oder sie haben eine andere religiöse Überzeugung. Es kann zahlreiche Gründe dafür geben, warum sie sich nicht gesprächsbereit sind.

In diesem Fall nützt es für gewöhnlich nichts, Menschen mit dieser Einstellung das Thema Jesus, die Bibel oder Errettung aufzuzwingen. Es ist sehr wahrscheinlich, dass der Vater sie noch nicht zieht.

> „Niemand kann von sich selbst aus zu Mir (Jesus) kommen. Der Vater, der Mich gesandt hat, muss ihn zu Mir ziehen." (John 6,44 NGÜ)

Dann ist es am womöglich am besten, mit Gott zu kooperieren und dafür zu beten, dass der Vater denjenigen zu Jesus ziehen möge, anstatt ein Gespräch über Jesus erzwingen zu wollen. Pflege Beziehungen zu diesen Menschen. Sei für sie da. Wenn du für sie betest, dann lässt Gott vielleicht zu, dass in ihrem Leben Probleme oder Sorgen auftreten. Vielleicht sind es dann eben diese Probleme oder Sorgen, die sie dazu bewegen, sich nach Hilfe umzusehen. Wenn diese Freunde, Bekannte oder Familienangehörige mit ihren Problemen zu dir kommen und dich um Hilfe bitten, dann hast du vielleicht Gelegenheit, davon zu erzählen, was Gott ihnen geben will.

Wenn du keine Lösung für ihre Probleme hast, dann gib nicht einfach auf. Gott kennt die Antwort. Frag Ihn. Und dann sei wachsam, um zu erkennen, wenn sich die Antwort ergibt.

> Bittet, und es wird euch gegeben werden; sucht, und ihr werdet finden; klopft an, und es wird euch geöffnet werden! Denn jeder Bittende empfängt, und der Suchende findet, und dem Anklopfenden wird geöffnet werden. – Mt 7,7-8 (ELB)

# Interessierte Skeptiker

Manche Menschen sind skeptisch, wenn es um Jesus geht, aber vielleicht sind sie doch irgendwie neugierig oder interessiert, mehr über Ihn zu erfahren. In diesem Fall ist es vielleicht das Beste, ihre Fragen ausführlich zu beantworten und das Gesagte so deutlich wie nur möglich zu erklären, ganz direkt, aber ohne sie in irgendeine bestimmte Richtung zu „schubsen".

Wenn du nicht alle Antworten auf ihre Fragen weißt, dann gib es offen zu. Vielleicht stellt man dir schwierige Fragen, um dich zu testen. Erfindest du etwas, spielst du den Allwissenden oder gibst du ehrlich zu, dass du nicht alle Antworten kennst? Skeptiker suchen keinen Alleswisser. Sie sind auf der Suche nach einem echten aufrichtigen Christen – nach jemanden, der seinen Glauben lebt.

Wer dir Fragen stellt, versucht, Informationen zu sammeln, um eine Entscheidung zu treffen, die für ihn oder sie Folgen für die Ewigkeit hat. Sei ehrlich. Sei geradlinig. Sei echt.

Aber sei auch vorsichtig. Tue wenn möglich nichts, das der Beziehung schadet. Verärgere niemanden unnötig. Bedränge *niemanden*! Erwarte nicht, dass er oder sie jetzt sofort eine Entscheidung trifft.

Jesus ließ zu, dass Petrus und die anderen Jünger mehrere Monate mit Ihm gingen, bevor Er sie schließlich fragte, was sie über Ihn dachten (siehe Mt 16,13-17). Haben es die Menschen in deinem Umfeld nicht verdient, dass man ihnen dieselbe Bedenkzeit einräumt? Immerhin ist die Entscheidung, Christus nachzufolgen, wesentlich wichtiger, als eine Hochschule oder einen Berufsweg zu wählen, und manche brauchen *Jahre* für *diese* Entscheidung!

## Über den Tellerrand hinaus

Wenn du gewissenhaft lernst, wie man angemessen auf die Menschen, die deinen Weg kreuzen, eingeht, dann wird Gott deinen Einfluss auf andere Gruppen von Menschen ausweiten: andere christliche Konfessionen, andere Religionen, Muslime, Buddhisten, Hindus, Anhänger des New Age, Okkultisten, Atheisten und sogar deine Familie.

Jedenfalls habe ich das so erlebt.

# KAPITEL 10
# FOLGST DU DEM RUF?

## Wie soll es jetzt weitergehen?

Wir haben uns nun ausführlich mit grundlegenden Prinzipien beschäftigt, von denen sich Jesus in Seinem Tun leiten ließ und die auch unseren eigenen Dienst und unser Leben lenken sollten.

• Die bedeutungsvollsten Gelegenheiten, Gott zu dienen, ergeben sich außerhalb von Gemeindeversammlungen.

• Viele von Gott arrangierte Zusammentreffen kommen als Störungen daher, sie unterbrechen unseren geplanten Tagesablauf.

• Wir wollen uns auf das konzentrieren, was die Menschen benötigen, die unseren Weg kreuzen.

Am Beispiel von Heidi Baker haben wir aufgezeigt, wie jemand tatsächlich die Werke Jesu vollbringt und wie ein liebender Jünger lebt.

Das ist erst der Anfang!

Die Gemeindeleitung muss uns entschlossen dabei unterstützen und uns helfen, damit wir uns auf eben diesen Dienst vorbereiten können.

• zurüsten

• schulen

• üben

Doch selbst wenn die Gemeindeleiter uns nicht all die Unterstützung geben, die wir brauchen, so kann doch Gott dafür sorgen, wenn wir Ihn darum bitten. Er kann dein persönlicher Mentor und Ausbilder werden, so wie Er es für Samuel, Mose, David, Elia und so viele andere gewesen ist!

Warte nicht auf jemanden, der dir Anweisungen erteilen soll, oder auf einen Vorgesetzten: tu das Gute allein, von Mensch zu Mensch. — Mutter Teresa (*zitiert nach www.zitate.eu*)

Als nächstes müssen wir uns vorbereiten und dann Gottes himmlischem Ruf folgen, als Einzelne und als Gemeinde, – indem wir bestimmte Fähigkeiten erlernen und darauf vertrauen – und uns Gott für einen Dienst zur Verfügung stellen.

## Nimmst du deine himmlische Berufung an?

Jetzt, wo du weißt, was Gott sich von dir wünscht, lautet Seine Frage an dich: „Wirst du der Aufforderung folgen?"

Du befindest dich jetzt an einer Kreuzung. Du kannst nun entweder die himmlische Berufung annehmen, die Gott dir bietet, oder weitermachen wie bisher.

Jetzt solltest du dir den Vers aus 2 Chr 16,9 bewusst machen:

Denn die Augen des Herrn schweifen über die ganze Erde, um denen ein starker Helfer zu sein, die mit ungeteiltem Herzen zu Ihm halten. — 2 Chr 16,9 (EÜ)

Der Herr sucht die ganze Erde ab, um *irgendjemanden* zu finden, der Seinem himmlischen Ruf folgen will. Wenn du die Berufung von Ihm annimmst, dann steht der Herr dir bei und wird dich auf machtvolle Weise dabei unterstützen. Wenn du dich entscheidest, so weiterzumachen wie bisher, dann wird der Blick des Herrn weiterwandern, und Er wird nach jemand anderem Ausschau halten, dem Er dieses Angebot unterbreitet.

Woher ich das weiß? Weil die Bibel bezeugt, dass Gott so handelt. In der Heiligen Schrift berichtet uns der Herr von einzelnen Personen und Menschengruppen, die Seinen himmlischen Ruf zurückwiesen und sich entschieden, stattdessen ihren eigenen Weg zu gehen.

Als die Kinder Israels ihre göttliche Berufung ablehnten und stattdessen nach einem König verlangten, um wie die anderen Nationen zu sein, sprach Gott zu Samuel: „Höre auf die Stimme des Volkes in allem, was sie dir sagen! Denn nicht dich haben sie verworfen, sondern Mich haben sie verworfen, dass Ich nicht König über sie sein soll." — 1 Sam 8,7 (ELB)

Später musste Gott Saul verlassen und David zum König salben.

Aber der Geist des HERRN wich von Saul... — 1 Sam 16,14 (ELB)

Jesus warnte die Gemeinde in Ephesus, dass sie Gefahr liefen, ihren Platz in Gottes vollkommenem Plan zu verlieren, wenn sie ihr Verhalten nicht änderten und sich wieder an das hielten, von dem sie wussten, dass es das Beste war:

> Aber Ich habe gegen dich, dass du deine erste Liebe verlassen hast. Denke nun daran, wovon du gefallen bist, und tue Buße und tue die ersten Werke! Wenn aber nicht, so komme Ich zu dir und werde deinen Leuchter von seiner Stelle wegrücken, wenn du nicht Buße tust. — Offb 2,4–5 (ELB)

Der Apostel Paulus hatte vollends erkannt, dass sein Platz in Gottes Plan nur so lange sicher war, wie er weiter in Gehorsam und Demut vor Gott wandelte. „...sondern ich bezwinge meinen Leib und beherrsche ihn, damit ich nicht anderen verkündige und selbst verwerflich werde." — 1 Kor 9,27 (SLT)

Wir müssen begreifen, dass Gottes Plan viel größer ist als wir. Er bietet uns die Chance, Teil Seines Plans zu sein, der sich über die ganze Welt und alle Zeitalter erstreckt. Wir können Sein Angebot annehmen oder es ablehnen, aber wenn wir es zurückweisen, dann wird Er weiterziehen, denn Sein Vorhaben muss umgesetzt werden.

Werfen wir doch einmal einen Blick auf das Gesamtbild und sehen, worauf Gott in der Kirchengeschichte hinarbeitet und wie wir in Seinen Plan passen.

## Die Wiederherstellung aller Dinge

Das Leben von Jesus war der größte Beweis dafür, was Gottes Liebe und Kraft bewirken können, doch nach Seiner Himmelfahrt ließ die Gemeinde langsam nach. Schließlich verlor die Kirche fast alles aus den Augen, wofür Jesu Wirken auf Erden stand, und glitt ins finstere Mittelalter ab, wo den Menschen sogar das Wort Gottes selbst vorenthalten wurde. Es wurde nur auf Lateinisch gesprochen, und nur den Kirchenobersten war es erlaubt, die Bibel zu lesen!

Dann begann Gott zu erneuern, was die Kirche seit Jesu Wirken auf Erden verloren hatte. Luther führte die Lehre der Rechtfertigung aus Glauben wieder ein, die Bibel wurde gedruckt und in der Gemeinsprache des Volkes verbreitet.

Im Laufe der Jahre hat Gott darauf hingewirkt, andere wichtige Inhalte und Glaubenslehren wiederherzustellen — Buße, Taufe, Heilung und Gaben des Geistes.

Während die Kirche diesen langsamen Prozess der Wiederherstellung aller Dinge durchlief, die seit Jesu Zeit auf Erden verloren gegangen waren, veränderte sich die maßgebliche Botschaft der Kirche im Laufe der Jahrhunderte und passte jeweils zu dem, was Gott gerade wiederherstellte.

Eine Zeitlang sprachen viele Prediger vor allem von „Hölle und Fegefeuer", wie etwa Charles Finney und Jonathan Edwards. Jonathan Edwards berühmteste Predigt trug den Titel „Sünder in den Händen eines zornigen Gottes". Zu jener Zeit war diese Art von Verkündigung genau das, was nötig war, aber dieselben Aussagen würden heute nicht die gleichen Reaktionen hervorrufen. Heutzutage würde eben diese Botschaft die Menschen vermutlich eher abschrecken oder sogar dazu führen, dass sie sich von Gott *ab*wenden. Warum?

Gott ist weitergezogen. Nicht dass jene Aussagen heute weniger wahr wären als damals, lediglich die vorherrschende Not ist heute eine andere.

Gott kündigte eine neue Periode in der Wiederherstellung aller Dinge an, als Er Gabriel 1977 mit einer Botschaft zu Roland Buck sendete (Buck, Hunter & Hunter). Es ist interessant, dass sich William Branham bereits 1933 über die Bedeutung des Jahres 1977 äußerte, indem er sagte, dass sich 1977 etwas ereignen würde, wodurch die Gemeinde vom „Kirchenzeitalter" in das des „Königreiches" übergehen würde

(Branham). Diese Aussage deckt sich mit der Kernbotschaft, die ich in diesem Buch vermitteln möchte. Sie passt auch zu der Verkündigung und dem Vorbild von Heidi und Rolland Baker. Schließlich stimmt sie auch überein mit Bob Jones' Nahtoderfahrung, als er Zeuge wurde, wie Jesus den Menschen nur eine Frage stellte, bevor sie ihren ewigen Lohn in Empfang nehmen durften: „Hast du gelernt zu lieben?" All diese Aussagen stimmen überein.

Schlussendlich ist dies auch das, was die Heilige Schrift verkündet, besonders in den Worten von Mt 25,31-46 und in dem, was Jesus vorgelebt hat.

## Fang' einfach an. Geh einfach los.

Vielleicht meinen wir, dass wir auf irgendeine Weise nicht qualifiziert dafür sind, diese himmlische Berufung anzunehmen. Gott ist das egal. Er hat es lieber so. Es ist fast unmöglich, dass Gott einen Haufen Alleswisser braucht.

Als Gott Abraham berief, sagte Er einfach zu ihm, er solle losgehen. Es war nicht wichtig, dass Abraham über alle Details der Reise bescheid wusste, als er sich aufmachte.

> Durch Glauben war Abraham, als er gerufen wurde, gehorsam, auszuziehen an den Ort, den er zum Erbteil empfangen sollte; und er zog aus, *ohne zu wissen, wohin er komme*. — Heb 11,8 (ELB)

In dieser Stunde zeigt Gott uns, wozu Er uns berufen hat. Wie wir darauf reagieren, wird entscheiden, ob Er hier bei uns bleibt und uns gebraucht, um in dieser Stunde Seine höchsten Ziele mit uns zu verwirklichen, oder ob Er weiterzieht...und dieses Angebot jemand anderem unterbreitet.

Denn viele sind berufen, aber wenige sind auserwählt. —
Mt 22,14 (LUT)

Folgendes wird passieren. Wenn wir beschließen, diesen
Ruf anzunehmen, aus Glauben natürlich, wie es Abraham getan
hat, ohne genau zu wissen, welche Bedeutung das für unsere
Zukunft hat, dann wird Gott sofort damit anfangen, Seinen
Segen über uns auszugießen und uns zu dem bedeutungsvollen
erfüllenden Leben führen, das wir uns nur wünschen können –
besser, als wir es uns je vorstellen können.

Sondern, wie geschrieben steht: »Was kein Auge gesehen
und kein Ohr gehört und keinem Menschen ins Herz
gekommen ist, was Gott denen bereitet hat, die Ihn lieben«
— 1 Kor 2,9 (SLT)

Andererseits, wenn wir sein Angebot ablehnen, indem wir
„Nein" sagen oder einfach nichts tun, dann wird Gott uns eine
relativ kurze Gnadenfrist gewähren, während derer wir unsere
Meinung ändern und Seinen Ruf annehmen können, aber
danach wird Er weiterziehen und jemand anderem dieses
Angebot unterbreiten.

Dann erzählte Jesus folgendes Gleichnis: „Ein Mann hatte
einen Feigenbaum in seinem Weinberg stehen. Doch wenn
er kam, um nach Früchten zu sehen, fand er keine.
Schließlich sagte er zu seinem Gärtner: ˈSeit drei Jahren
suche ich Frucht an diesem Feigenbaum und finde keine.
Hau ihn um! Wozu soll er den Boden aussaugen?"

'Herr', erwiderte der Gärtner, 'lass ihn dieses Jahr noch
stehen! Ich will den Boden um ihn herum aufgraben und
düngen. Vielleicht trägt er dann im nächsten Jahr Frucht –

wenn nicht, kannst du ihn umhauen lassen.'" — Lk 13,6–9 (NeÜ)

Wenn das mit unserer örtlichen Gemeinde passiert und Gott weiterzieht zu eine anderen Gemeinde, dann werden wir lediglich auf eine inhaltslose Routine reduziert, und wir arbeiten nur noch daran, unser Gemeindeprogramm und unsere Traditionen am Laufen zu halten – aber das Leben wird fort sein. Wir werden nur noch leere Gemeindeprogramme abspulen.

> Und als er einen einzelnen Feigenbaum am Weg sah, ging er zu ihm hin und fand nichts daran als nur Blätter. Da sprach er zu ihm: Nun soll von dir keine Frucht mehr kommen in Ewigkeit! Und auf der Stelle verdorrte der Feigenbaum. — Mt 21,19 (SLT)

Als Jesus dieses Gewächs begutachtete, fand Er daran nur Blätter. Er fand keine Frucht. Als Er nur Blätter vorfand, verkündete er Gericht über die Pflanze und zog dann weiter, weg von ihr. Um zu begreifen, weshalb Er so reagierte, müssen wir verstehen, welchem Zweck Blätter und Früchte dienen.

Mithilfe der Blätter versorgt sich die Pflanze *selbst*, durch Photosynthese.

Früchte wachsen, um *andere* zu speisen.

Jedes Mal, wenn Jesus eine Gemeinde beurteilt und Er sie komplett nach innen gerichtet vorfindet, weil sie sich selbst speist, wird Er Seine Gunst letztlich fortnehmen, und Er wird weiterziehen, um eine andere Gemeinde zu finden, die andere Menschen in ihrer Not zu erreichen versucht. Die eine Gemeinde wird verdorren und wie tot scheinen.

Im Verlauf der Kirchengeschichte hat Gott so gehandelt. Beginnend mit der Katholischen Kirche nach 1500, als Gott kam, um jenen „Feigenbaum" zu begutachten, fand Er sie nach innen gerichtet vor und sah, wie sie sich selbst bereicherte und die Not der Menschen missachtete. Als die Katholische Kirche Reformen trotz Ermahnungen von Martin Luther und anderen verweigerte, zog Gott mit der Protestantischen Reformation nach 1500 weiter und ließ die Katholische Kirche weitermachen mit ihren Traditionen und Ritualen, jedoch fehlte fortan das dynamische Leben von Gott.

Gibt es für Gott immer noch echte Gläubige in der Katholischen Kirche? Natürlich!

Denk nur an das leuchtende Beispiel von Mutter Teresa. Ihre Worte sprechen für sich!

"Ich versuche, den armen Menschen aus Liebe das zu geben, was die Reichen für Geld bekommen können. Nein, ich würde für tausend Pfund keinen Leprakranken anfassen, aber ich würde ihn bereitwillig heilen für die Liebe Gottes."

"Viele Menschen verwechseln unsere Arbeit mit unserer Berufung. Unsere Berufung ist die Liebe Jesu."

"Wir dürfen nicht damit zufrieden sein, nur Geld zu geben. Geld ist nicht genug. Geld kann man bekommen, aber sie brauchen unsere Herzen, damit wir sie lieben. Verteilen Sie also Ihre Liebe überall, wo Sie hingehen."

"Wenn eine Liebesbotschaft gehört werden soll, dann muss sie verbreitet werden. Damit eine Lampe weiter brennt, müssen wir beständig Öl nachgießen."

"Wir haben das Gefühl, dass das, was wir tun, nur ein Tropfen im Ozean ist. Aber der Ozean wäre sonst um diesen Tropfen ärmer."

"Starke Liebe nimmt kein Maß, sie gibt einfach."

"Ich bin auf das Paradoxon gestoßen, dass es, wenn man liebt, bis es schmerzt, nicht mehr Schmerz geben kann, nur mehr Liebe."

"Verbreite Liebe überall, wo du hingehst. Sieh zu, dass niemand zu dir kommt, ohne glücklicher fortzugehen."

"Liebe ist eine Frucht, die jederzeit Saison hat und für jede Hand erreichbar ist."

"Freude ist ein Netz aus Liebe, mit dem man Seelen auffangen kann."

"Die größte Krankheit heutzutage ist nicht Lepra oder Tuberkulose, sondern vielmehr das Gefühl, unerwünscht zu sein."

"Es ist eine der größten Krankheiten, für jeden niemand zu sein."

"Unerwünscht, ungeliebt, unbeachtet und von jedermann vergessen zu sein, ich glaube, das ist ein viel größerer Hunger, eine viel größere Armut als jemand, der nichts zu essen hat."

"Es ist viel schwieriger, den Hunger nach Liebe zu stillen als den Hunger nach Brot."

"Einsamkeit und das Gefühl, unerwünscht zu sein, das ist die schlimmste Armut."

"Wir denken manchmal, dass Armut nur bedeutet, hungrig, unbekleidet und obdachlos zu sein. Die Armut, unerwünscht, ungeliebt und unbeachtet zu sein, ist die größte Armut. Wir müssen in unseren eigenen Häusern anfangen und diese Art von Armut beseitigen."

"Ich will, dass du um deinen Nachbarn nebenan besorgt bist. Kennst du deinen Nachbarn?"

"Liebe fängt zuhause an, und es geht nicht darum, wie viel wir tun…sondern wie viel Liebe wir in unser Tun hinein legen."

"Liebe beginnt damit, dass wir auf diejenigen achtgeben, die uns am nächsten stehen – die Menschen zuhause."

"Wir wollen die Sterbenden, die Armen, die Einsamen und die Ungewollten berühren, nach der Gnade, die wir empfangen haben, und wir wollen uns nicht schämen oder die einfache Arbeit nur unwillig tun."

"Sei treu im Kleinen, denn darin liegt deine Stärke."

"Wenn du keine hundert speisen kannst, dann speise nur einen."

"Jeder von ihnen ist Jesus verkleidet."

Den Himmel und die Erde rufe ich heute als Zeugen gegen euch an. Leben und Tod lege ich dir vor, Segen und Fluch. Wähle also das Leben, damit du lebst, du und deine Nachkommen. — 5 Mo 30,19 (EÜ)

Ich bitte dich eindringlich, so wähle doch Gottes himmlische Berufung!

Gehe aktiv an deine Schulung und Vorbereitung heran.

Suche Gelegenheiten zu dienen, damit du getrieben wirst zu der himmlischen Berufung, die Gott für dich bereithält!

## Band 2: Säen und Ernten

Im Band 2 dieser Buchreihe, "Säen und Ernten", sehen wir uns nacheinander jede von Jesu Begegnungen genauer an und lernen, wie wir tatsächlich das tun können, was Jesus tat!

Die Gnade des Herrn Jesus Christus und die Liebe Gottes und die Gemeinschaft des Heiligen Geistes sei mit euch allen. Amen. — 2 Kor 13,14 (ELB)

# LITERATURVERZEICHNIS

Addison, Doug (2005). *Prophecy, Dreams, and Evangelism: Revealing God's Love Through Divine Encounters.* (C. Blunk, E. Freeman, D. Kreindler, & M. Ballotte, Eds.) North Sutton, New Hampshire, USA: Streams Publishing House.

Addison, Doug (2005). *Prophetic Evangelism Workshop Student Guide.* Santa Monica, California, USA: InLight Connection.

Baker, Rolland, & Baker, Heidi (2003). *Always Enough: God's Miraculous Provision among the Poorest Children on Earth* (Reprinted ed.). Chosen Books.

Boyle, Gregory (14.02.2010). *Tattoos on the Heart: The Power of Boundless Compassion* (p. 70). Free Press. Kindle Edition.

Branham, William (30.07.2006). *The Laodicean Church Age.* Auszug aus WilliamBranham.com: http://www.williambranham.com/the_seven_ church_ages/the-laodicean-church-age/

Buck, Roland H. (Composer). (1979). Sequel to the Throne Room. [Roland H. Buck, Performer] *On Sermons from the Man Who Talked With Angels, Vol. 1.* Boise, Idaho, USA.

Buck, Roland, Hunter, Charles, & Hunter, Frances (o.J.). *Angels on Assignment.* Auszug aus Angels on Assignment: http://angelsonassignment.org/index2.html.

Carnegie, Dale (1936). *How to Win Friends and Influence People.* Simon and Schuster.

Davis, Paul Keith (20.08.2011). *Paul Keith Davis: New Life Rice Lake.* (New Life Christian Church) Auszug aus YouTube: http://www.youtube.com/watch?v=Rw54FBNWryc

Grady, J. Lee (o.J.). *Heidi Baker's Uncomfortable Message to America.* Auszug von CBN.com vom Juli 2013: http://www.cbn.com/spirituallife/churchandministry/ Charisma_Grady_HeidiBaker.aspx

Jackson, John Paul (16.11.2007). *Storms, Faith and the Miraculous.* Auszug aus YouTube: https://www.youtube.com/watch?v=WZVwUVNyhJ8

Jones, Bob, & Warner, Sandy (o.J.). *Bob Jones' Testimony August 8, 1975 Death Experience.* Auszug aus The Quickened Word: http://www.thequickenedword.com/rhema/Bob JonesTestimonyAugust81975DeathExperience.htm

Scott, Darrell, Nimmo, Beth, & Rabey, Steve (2000). *Rachel's Tears: The Spiritual Journey of Columbine Martyr Rachel Scott*. Thomas Nelson Publishers.

Shah, Suraj (31.03.2013). *Understanding inappropriate behaviour*. Auszug aus Live with loss: http://livewithloss.com/inappropriate/

Stafford, Tim (Mai 2012). Miracles in Mozambique: How Mama Heidi Reaches the Abandoned. *Christianity Today, 56*(5).

Teresa, M. (o.J.). *Mother Teresa Quotes*. zitiert nach BrainyQuote: http://www.brainyquote.com/quotes/authors/m/mother_teresa.html

Teresa, M. (o.J.). *Mother Teresa Quotes*. zitiert nach Goodreads: https://www.goodreads.com/author/quotes/838305.Mother_Teresa

Teresa, M. (o.J.). *Mother Teresa Quotes*. zitiert nach der Catholic Bible 101: http://www.catholicbible101.com/motherteresa quotes.htm

Velu, Eric (Produzent), Velu, Eric (Autor), & Velu, Eric (Regisseur). (2004). *Mama Heidi* [Film].

Alle oben angeführten Literaturangaben wurden aus dem englischen Original durch den Übersetzer ins Deutsche übertragen.

# ÜBER DEN AUTOR

Alan Drake unterrichtet seit über 25 Jahren als Lehrer an öffentlichen Schulen. Er hat an der Dallas Baptist University seinen Bachelor in Elementary Education erworben sowie den Masterabschluss in Ecuational Administration an der East Texas State University.

Neben seiner Karriere engagierte sich Alan Drake als Jugendleiter, am College und in seinem beruflichen Umfeld. Er war bei Straßenevangelisationen und Missionseinsätzen mit dabei. Er leitete und beteiligte sich an organisierten Missions- und Evangelisationseinsätzen in Nordamerika und Europa, und er spricht in Gemeinden, auf Festivals, auf der Straße, in Restaurants, Einkaufszentren, Seminaren, Workshops, in öffentlichen Verkehrsmitteln und in zahlreichen Alltagssituationen von Gottes Wort.

Alan Drake ist ein einnehmender Redner und Lehrer. Er hat in Nordamerika und Europa Kurse unterrichtet und Workshops, Gemeindetreffen und Seminare geleitet. Zur Zeit lebt er in Dallas, Texas.

# WEITERE INFORMATIONEN

## Vollbringet die Werke Jesu
## Kurse, Seminare und Schulungsangebote

Es werden Kurse, Seminare und Schulungen angeboten, die von Alan Drake und anderen erfahrenen qualifizierten christlichen Mitarbeitern geleitet werden und gläubigen Christen dabei helfen sollen, die Werke Jesu zu vollbringen. Alan Drake arbeitet gemeinsam mit geschulten Moderatoren, Pastoren und Seelsorgern an der individuellen und maßgeschneiderten Gestaltung dieser Veranstaltungen, um innerhalb der gegebenen Zeitvorgaben bestmöglich auf die Bedürfnisse der Teilnehmer eingehen zu können.

Eine typische Lehreinheit umfasst interaktiven Unterricht – bei der eine Vielzahl an Präsentationsmedien zum Einsatz kommt – Vorführungen, Gebet um Anteilgabe am Geist Christi, praktische Übungen zum Mitmachen sowie eine Feedbackrunde.

Es gibt ein begrenztes Angebot an Kursen, Seminaren und Schulungen für eine beliebige Anzahl von Teilnehmern. Aufgrund von Alan Drake's Beruf und anderer Verpflichtungen sind Termine nur eingeschränkt verfügbar.

## Mengenrabatt

Staffelpreise für *Vollbringet die Werke Jesu* verfügbar in Abhängigkeit von der Bestellmenge. Mehr Informationen dazu finden Sie unter www.spiritofwisdompublications.com.

## Kontakt

Wenn Sie mehr über themenbezogene Kurse und praxisorientierte Schulungsangebote erfahren oder Alan Drake als Redner engagieren wollen, wenden Sie sich bitte an den Autor unter:

Alan Drake
c/o Spirit of Wisdom Publications
PO Box 180216
Dallas, TX 75218

E-Mail: alan@spiritofwisdompublications.com
Internet: www.spiritofwisdompublications.com
Facebook: www.facebook.com/alandrake

www.ingramcontent.com/pod-product-compliance
Lightning Source LLC
Chambersburg PA
CBHW071855020426
42331CB00010B/2523